Veronika Müller

Das köstlich-knackige Schlemmervergnügen

Salate

FALKEN VERLAG

INHALT

Es soll Leute geben, denen bei dem Wort Salat nur die negative Assoziation „Kaninchenfutter" oder „albernes Grünzeug" einfällt! Zum Glück gehören diese Ignoranten einer immer mehr schrumpfenden Minderheit an.
Salate haben sich schon lange bei denen, die unter Essen nicht nur schlichte Nahrungsaufnahme, sondern auch eine Form von Kultur verstehen, einen festen Platz in der täglichen Speisefolge erobert. Sei es durch die im Elternhaus üblichen Eßgewohnheiten, sei es durch Positiverlebnisse in guten Restaurants oder der eigenen Küche.
Denn Salat ist mehr als nur schlichtes Beiwerk – obwohl Salat in unseren Breiten gerade als Begleiter des Hauptgerichts einen hohen Stellenwert hat, und wir darum diesem Thema in dem vorliegenden Buch zwei ausführliche Kapitel gewidmet haben.
Salate werden aber immer mehr, guter, alter französischer und italienischer Tradition und auch dem Trend der „Neuen Küche" folgend, als Vorspeise und Zwischengericht geschätzt. Dann jedoch in raffiniert-verfeinerter Form. Außerdem gibt es noch die deftigen, sättigenden Salate, in denen sich alles vereinigen kann, was Küche, Keller, Speisekammer und Kühlschrank hergeben, die eigenständige Mahlzeiten ergeben und sich auch vorzüglich für die Gästebewirtung eignen.
Nicht zu vergessen die leichten, leckeren Obstsalate als Dessert, vor denen selbst Gegner von Süßspeisen kapitulieren, weil sie eben mehr sind als nur ein „simpler" Nachtisch.
Eigentlich war für dieses Vorwort noch der eine oder andere Tip für die Vorratshaltung geplant. Nach langer Überlegung habe ich jedoch davon Abstand genommen. Denn ein Salat ist immer so gut, wie seine Grundzutaten frisch sind. Selbst wenn sie zuvor gekocht oder in anderer Weise gegart wurden, sollten sie spätestens am nächsten Tag „verarbeitet" werden.
Es gibt eine Menge Tips, wie man welken Salat oder „müde" Kräuter wieder

„aufleben“ lassen kann. Aber damit gewinnt man nur den äußeren Schein. Vitamine gehen sowohl bei zu langer Lagerung als auch bei der „Wiederaufbereitung“ verloren.
Fazit: Die Salatküche sollte stets der schnellste „Umschlagplatz“ im Haushalt sein, weil nur dann der optimale Eßgenuß garantiert werden kann. Und nur der „erlebte“ Genuß bringt auf die Dauer den Spaß am Essen all der mit Liebe und Sorgfalt zubereiteten Salate, deren Rezepte ich in diesem Buch für Sie zusammengetragen habe – und den ich Ihnen nach der Lektüre und nach der Bereitung wünsche.

Ihre
Veronika Müller

Frische Salate der Saison

Wer gerne gut ißt,
will auf sie nicht verzichten,
wer gesund lebt, kann sie nicht entbehren.
Als Beilage ergänzen sie Fisch und
Fleisch, Wild und Eigerichte.

Kopfsalat & Co.

Der Kopfsalat, auch grüner Salat oder Lattich genannt, ist das bei uns beliebteste der fünf verschiedene Mitglieder umfassenden Familie der Gartensalate.
Bataviasalat ist eine in Frankreich entwickelte neue Kopfsalatsorte, dessen Blätter nach oben hin bis ins Bräunliche gehen. Zu ihm passen die gleichen Zutaten und Soßen wie zum grünen Salat.
Etwas zarter will der Eichblatt- oder Eichenblattsalat behandelt werden, damit sein nußartiger Geschmack nicht überdeckt wird. Er ist ebenfalls ein Neuling, der über Frankreich zu uns kam. Seine „wilden" Vorfahren sollen angeblich in Nordafrika zu Hause sein. Eichblattsalat ist dunkel, hat stark fedrig geschlitzte Blätter und welkt schnell dahin.

Kopfsalat mit Trauben

- 200 g blaue Weintrauben,
- 1 vollreifer Pfirsich,
- 100 g Mandarinorangen aus der Dose,
- 1 großer Kopfsalat,
- 3 Eßlöffel Crème fraîche,
- 2 Eßlöffel Mandarinensaft,
- 2 Eßlöffel Sherry- oder Rotweinessig,
- 1 Eßlöffel Walnuß- oder Mandelöl,
- Salz, weißer Pfeffer aus der Mühle,
- 1 Prise gemahlener Koriander.

Die Weintrauben waschen und abtropfen lassen. Die Beeren von den Stielen zupfen, halbieren und entkernen.
Den Pfirsich mit kochendem Wasser überbrühen, 1 Minute ziehen lassen, dann häuten.
Den Pfirsich halbieren, entsteinen und das Fruchtfleisch in kleine Würfel schneiden.
Die Mandarinorangen abtropfen lassen.
Den Kopfsalat putzen, zerpflücken, die Blätter waschen, trockenschleudern und zerzupfen. Dabei die harten Stiele entfernen.
Crème fraîche, Mandarinensaft, Essig und Öl mit dem Schneebesen zu einer schaumigen Soße verrühren. Mit Salz, Pfeffer und Koriander pikant abschmecken.
Alle Salatzutaten mit der Soße locker, aber gründlich mischen und sofort servieren.
Der Salat schmeckt zu allen hellen Braten, zu kurzgebratenem Fleisch und zu pochiertem Fischfilet.

Vorbereitungszeit:
20 Minuten
Zubereitungszeit: 5 Minuten

Bataviasalat mit Mandeln

- 1 Kopf Bataviasalat,
- 3 Frühlingszwiebeln,
- 4 Stengel Basilikum,
- 4 große Borretschblätter,
- 40 g blättrig geschnittene Mandeln,
- 5 g Butter,
- 3 Eßlöffel Sherryessig,
- 2 Eßlöffel trockener Sherry (Fino),
- 1 Messerspitze feiner Kräutersenf,
- 1 winzige Prise Zucker,
- Salz, weißer Pfeffer aus der Mühle,
- 5 Eßlöffel kaltgepreßtes Olivenöl (siehe S. 54).

Den Salat putzen und zerpflücken. Die Blätter waschen und trockenschleudern.
Die Frühlingszwiebeln putzen.
Die weißen Teile ganz fein hacken, das Grün in etwa 5 mm dicke Röllchen schneiden.
Basilikum und Borretsch abspülen und trockentupfen.
Die Basilikumblättchen von den Stielen zupfen, die Borretschblätter in feine Streifen schneiden.
Die Mandeln in einer beschichteten Pfanne in der heißen Butter ganz leicht bräunen. Auf Haushaltspapier abfetten lassen.
Aus Sherryessig, Sherry, Senf und den Gewürzen eine glatte Soße rühren, bis sich Salz und Zucker aufgelöst haben. Dann erst mit einem Schneebesen das Öl einschlagen, damit die Soße leicht cremig wird.
Alle Salatzutaten außer den Mandeln mit der Soße vermischen. Den Salat mit den Mandeln bestreuen und sofort servieren.
Der Salat schmeckt besonders gut zu kurzgebratenen hellen Fleischsorten, zu unpaniertem gebratenem Fischfilet, zu Forelle blau und zu Reh- oder Hirschsteaks.

Vorbereitungszeit:
20 Minuten
Zubereitungszeit: 5 Minuten

Eichblattsalat in Rahmdressing

1 großer oder 2 kleine Köpfe Eichblattsalat,
25 g hauchdünn geschnittener Räucherlachs,
1 Bund Dill,
1 kleiner Becher Crème fraîche (100 g),
4 Eßlöffel süße Sahne,
2 Eßlöffel Zitronensaft,
Salz, Cayennepfeffer,
Worcestersoße.

Den Eichblattsalat zerpflükken, die Blätter waschen und gut trockenschleudern.
Den Lachs in hauchdünne Streifen schneiden.
Den Dill abspülen, trockentupfen und fein schneiden.
Crème fraîche, Sahne und Zitronensaft mit dem Schneebesen zu einer schaumigen Soße verrühren und mit Salz, Cayennepfeffer sowie Worcestersoße pikant würzen.
Mit dem Dill vermischen.
Den Eichblattsalat auf 4 Portionstellern anrichten und mit dem Rahmdressing übergießen. Mit den Lachsstreifen garnieren.
Der Salat schmeckt besonders gut zu Nieren- oder Kalbsleberragout im Reisrand, zu kurzgebratenem Wild oder zu gebratenem Bries.

Vorbereitungszeit: 15 Minuten
Zubereitungszeit: 5 Minuten

Spinatsalat mit Speck

300 g junge Spinatblätter,
2 hartgekochte Eier,
125 g mild geräucherter durchwachsener Speck,
1 Teelöffel scharfer Senf,
3 Eßlöffel Kräuteressig,
weißer Pfeffer aus der Mühle,
3 Eßlöffel kaltgepreßtes Olivenöl,
3 Eßlöffel Rotweinessig.

Die Spinatblätter verlesen. Die Stiele abschneiden, die Blätter waschen, abtropfen lassen oder trockenschleudern.
Die Eier schälen, halbieren und die Eigelbe herauslösen. Eigelb durch ein Sieb streichen, Eiweiß fein hacken.
Den Speck in kleine Würfel schneiden und in einer Pfanne bei nicht zu starker Hitze langsam auslassen, bis die Grieben knusprig sind.
Senf mit Eigelb, Kräuteressig und Pfeffer verrühren.
Dann unter kräftigem Schlagen mit dem Schneebesen das Olivenöl einlaufen lassen.
Die Speckwürfel aus der Pfanne nehmen und etwa zwei Drittel des Speckfetts weggießen.
Den Spinat in einer Schüssel mit der Soße, den Speckwürfeln und dem Eiweiß vermischen. Das restliche heiße Bratfett mit dem Rotweinessig loskochen und heiß über den Salat gießen. Diesen sofort servieren.

Spinatsalat schmeckt zu hellem Fleisch und zu kräftigen, gekochten oder gebratenen Fischsorten.

Vorbereitungszeit: 15 Minuten.
Zubereitungszeit: 5 Minuten.

Mein Tip: Am besten schmeckt dieser Salat aus zarten, jungen Sommerspinatblättern. Wenn Sie ihn aber auch im Winter zubereiten wollen, die Blätter jedoch sehr kräftig und damit etwas streng im Geschmack sind, überbrühen Sie sie einfach mit kochendem Wasser, gießen sie ab und tupfen sie dann auf einer Lage Haushaltspapier trocken. Allerdings geht dann ein Teil des wertvollen Vitamin C verloren.

Feldsalat in Sauerrahm

200 g Feldsalat,
100 g in dünne Scheiben geschnittener Schinkenspeck,
2 Knoblauchzehen,
2 Sardellenfilets,
3 Eßlöffel Sherry- oder Weinessig,
3 Eßlöffel Walnußöl,
3 Eßlöffel dicke saure Sahne oder Crème fraîche,
Salz, weißer Pfeffer,
1 Prise Zucker,
1 Scheibe Toastbrot,
10 g Butter.

Feldsalat ist der zarteste aller Wintersalate, der zudem besonders reich an Vitamin A und C ist und fast soviel Eisen wie Petersilie enthält.
Feldsalat hat viele Namen: Rapunzel, Mausohr, Nüßlisalat, Hätscherle oder Rapünzchen.
Der zarten Blattstruktur des Salats wegen sollte man darauf achten, möglichst Salat aus dem biologischen Anbau zu bekommen. Denn starker Dünger hat negative geschmackliche Auswirkungen.
Von den einzelnen Salatpflänzchen welke und gelbe Blättchen abzupfen. Die Wurzelenden dann abschneiden und den Salat sehr gründlich waschen, am besten mindestens zweimal, weil Feldsalat im allgemeinen sehr versandet ist. Die Blättchen dann in einem Durchschlag gründlich abtropfen lassen.
Die Speckscheiben in ein Sieb legen und mit kochendem Wasser überbrühen, abtropfen lassen, mit Haushaltspapier trockentupfen und in dünne Streifen schneiden.
Die Knoblauchzehen schälen, eine fein zerhacken oder durch die Presse drücken.
Sardellenfilets wässern, trokkentupfen und fein hacken.
Mit dem Knoblauch, Essig, Öl und saurer Sahne verrühren.
Mit Salz, Pfeffer und Zucker abschmecken.
Die 2. Knoblauchzehe schälen und das Toastbrot damit einreiben. Das Brot dann ganz fein würfeln.
Die Butter in einer kleinen Pfanne erhitzen und die Brotwürfel darin rundherum knusprig braun rösten.
In der Zwischenzeit den Salat mit Soße und Speck vermischen. Den Salat mit den Brotwürfelchen bestreuen und sofort servieren.
Der Salat schmeckt besonders gut zu Wildgerichten, zu Steaks und Rinderbraten.

Vorbereitungszeit: 15 Minuten.
Zubereitungszeit: 10 Minuten.

Die Endivienfamilie

Endivie und Eskariol (oder Eskarol) sind ebenso wie Chicorée und Radicchio Abkömmlinge der Zichorie. Waren sie früher typische Wintersalate, werden sie heute auch als Sommerzüchtungen angeboten, wobei Sommerendivien manchmal weniger Bitterstoffe haben. Der Eskariol ist glatt- und breitblättrig, die Endivie hingegen hat schmalere, krausere Blätter.
Eine extrem „krause" Endivie mit hellen, manchmal fast zartgelben Blättern ist bei uns als Frisee im Handel.

Endiviensalat mit Oliven

1 Kopf Endiviensalat,
1 Bund Radieschen,
4 Frühlingszwiebeln,
1 Kästchen Kresse,
50 g mit Pimiento gefüllte grüne Oliven,
1 Eßlöffel Kapern,
1 Eigelb, 1 Teelöffel Senf,
1 Prise Zucker,
Salz, weißer Pfeffer,
3 Eßlöffel Weinessig,
4 Eßlöffel kaltgepreßtes Olivenöl,
2 Eßlöffel süße Sahne.

Den Endiviensalat putzen, den Boden so weit abschneiden, daß die Blätter auseinanderfallen. Die Blätter waschen, trockenschleudern und quer in etwa 3 cm breite Streifen schneiden.
Die Radieschen putzen, waschen, abtrocknen und in dünne Scheiben schneiden.
Die Frühlingszwiebeln ebenfalls putzen, die weißen Knollen hacken und das Grün in dünne Röllchen schneiden.
Die Kresse abspülen, trockenschwenken und die Blättchen abschneiden.
Die abgetropften Oliven halbieren. Die Kapern nicht zu fein hacken.
Das Eigelb durch ein Sieb streichen, mit Senf, Zucker, Salz, Pfeffer und Essig verrühren. Das Öl und zum Schluß die Sahne unterrühren.
Alle Salatzutaten mit der Soße in einer großen Schüssel vermischen, 5 Minuten ziehen lassen, in eine Servierschale füllen und auftragen.

Der Salat schmeckt zu Grillfleisch aller Art, zu deftigen Fleischgerichten und zu gebratenem Fisch.

Vorbereitungszeit:
20 Minuten.
Zubereitungszeit: 5 Minuten.

Eskariol mit Nußsoße

1 Kopf Eskariol,
2 Schalotten,
50 g gesalzene Cashewnüsse oder Erdnüsse,
3 Eßlöffel Zitronensaft,
2 Eßlöffel trockener Sherry (Fino),
3 Eßlöffel Nußöl,
Salz, 1 Prise Zucker, schwarzer Pfeffer,
1 Bund glatte Petersilie.

Den Salat putzen, dann den Strunk großzügig herausschneiden, so daß die Blätter auseinanderfallen. Die Blätter waschen, abtropfen lassen und trockenschleudern. Dann in etwa 2 cm breite Streifen schneiden. Die Schalotten schälen und hacken.
Die Nüsse mit dem Schneidstab des Handrührgeräts oder im Mixer pürieren.
Mit Zitronensaft, Sherry und Nußöl vermischen und mit Salz, Zucker und Pfeffer abschmecken.
Salat und Soße vermischen.
Die Petersilie abspülen, trokkentupfen und auch hacken.
Mit den gehackten Schalotten über den Salat streuen und erst bei Tisch untermischen.

Der Salat schmeckt zu allen Wildgerichten, zu dunklen Braten und zu kräftigen, gekochten Fischsorten.

Vorbereitungszeit:
15 Minuten.
Zubereitungszeit: 5 Minuten.

Frisee mit Kräutersahne

1 großer Kopf Friseesalat,
1 kleine Gemüsegurke,
1 Bund gemischte Kräuter der Saison,
1 Knoblauchzehe, 2 Eigelb,
10 ml Becher saure Sahne,
2 Eßlöffel milder Kräuteressig,
Salz, weißer Pfeffer aus der Mühle, 1 Prise Zucker.

Den Frisee putzen, den Strunk abschneiden, die Blätter waschen und trockenschleudern. Die Gemüsegurke schälen, halbieren und die Kerne herauslösen. Die Gurke dann in dünne Scheiben schneiden

und einige Scheiben beiseite legen.
Die Kräuter abspülen, trokkentupfen und nicht zu fein hacken.
Die Knoblauchzehe schälen und hacken oder durch die Presse drücken.
Die Eigelbe durch ein Sieb streichen, mit der sauren Sahne und dem Essig zu einer glatten Soße verrühren und mit Salz, Pfeffer und Zucker abschmecken.
Zwei Drittel der Kräuter und den Knoblauch untermischen.
Die Salatblätter in mundgerechte Stücke zerzupfen und mit den Gurken und der Soße in einer Schüssel mischen.
Dann mit den zurückgelegten Gurkenscheiben garnieren und diese mit etwas Salz und den restlichen Kräutern bestreuen.

Der Salat schmeckt besonders gut zu pochierten Fischfilets, zu Forelle blau oder „Müllerin Art", zu Kartoffel-Fleisch-Auflauf und zu dunklen Ragouts.

Vorbereitungszeit: 15 Minuten.
Zubereitungszeit: 5 Minuten

Mein Tip: Gemüsegurken und frische Kräuter sind saisonabhängig. Wenn sie nicht zu haben sind, kann man die Gemüsegurke durch eine kleine Salatgurke, die frischen Kräuter durch tiefgekühlte Kräutermischungen ersetzen.

Chicorée und Radicchio

Auch diese beiden sind „Abkömmlinge" der Zichorie, wie ihr leicht bitterer Geschmack beweist. Dennoch ist die Verwandtschaft etwas weitläufig. Beim Chicorée handelt es sich um eine im Dunkeln getriebene weiß-gelbe Blattsprosse, die zum erstenmal 1845 im Botanischen Garten von Brüssel gezogen wurde und lange als züchterisches Geheimnis galt. Bis heute ist nicht geklärt, ob der Chicorée das Ergebnis langwierigen gärtnerischen Ehrgeizes oder ein Kind des Zufalls war. Die Fama berichtet, daß dieses inzwischen in Europa so beliebte Salatgemüse seine Entstehung nur einigen in einer Kellerecke vergessenen Zichorienwurzeln verdankte, die plötzlich zu treiben begannen.
Radicchio hingegen ist ein Blattsalat, der aus der norditalienischen Region Venetien stammt. „Un fiore che si mangia" (eine Blume, die man essen kann), hat ein Dichter dieser Gegend den aromatisch-bitteren Salat genannt, der schon wegen seiner Farbe – vom fast rosigen Dunkelrot bis hin zum fast Dunkelviolett – und seiner Form einer Blume nicht unähnlich ist und darum auch gerne als Garnitur für andere Salate verwendet wird.

Chicorée-Ananas-Salat

4 mittelgroße Chicoréestauden,
200 g Ananas aus der Dose,
3 Eßlöffel Sherryessig,
Salz, Cayennepfeffer,
5 Eßlöffel Walnuß- oder Mandelöl,
2 Eßlöffel süße Sahne,
1 Teelöffel gehackte glatte Petersilie.

Von den Chicoréestauden wenn nötig die äußeren Blätter entfernen. Dann mit einem spitzen Messer den bitteren Innenkern herausschneiden. Die Stauden waschen, gründlich abtropfen lassen und in etwa 2 cm dicke Scheiben schneiden.
Die Ananas sehr fein würfeln. Sherryessig mit Salz und reichlich Cayennepfeffer vermischen, dann langsam das Öl unterrühren und zum Schluß die Sahne hinzufügen. Chicorée und Ananaswürfel mit der Soße mischen und mit Petersilie bestreut servieren.

Der Salat schmeckt zu Wildbraten aller Art, zu kurzgebratenem Wild, Filetsteaks, Grillspießchen und zu ganzen gebratenen Fischen.

Vorbereitungszeit: 10 Minuten.
Zubereitungszeit: 3 Minuten.

Hinweis: Es gibt Chicoréezüchtungen, die keinen bitteren Kern und auch keine bitteren Blattansätze haben. Dabei handelt es sich vorwiegend um Hollandgemüse, das meist abgepackt in den Handel kommt. Bei „loser" Ware kann aber nicht immer davon ausgegangen werden, daß sie bitterstofffrei ist, vor allem dann, wenn sie aus dem biologischen Anbau stammt.
In solchen Fällen den Innenkern herausschneiden und eventuell die Blätter noch etwa 15 Minuten wässern. Dabei gehen jedoch wertvolle Mineralien und Vitamine verloren. Außerdem sind gerade die Bitterstoffe für den Stoffwechsel sehr wertvoll!

Radicchiosalat „picante"

4 mittelgroße Köpfe Radicchiosalat mit Wurzeln,
Salz, 1 Eßlöffel Zucker,
6 Eßlöffel Rotweinessig,
1 rote Zwiebel,
1 Knoblauchzehe,
8 Stengel Basilikum,
½ Bund glatte Petersilie,
4 Eßlöffel feinstes Speiseöl,
1 Eßlöffel Mandelstifte.

Von den Radicchioköpfen die Wurzeln abschneiden, dünn schälen und in etwa 5 mm dicke Scheiben schneiden.
¼ l Wasser mit 1 Teelöffel Salz, dem Zucker und 3 Eßlöffeln Essig aufkochen. Die Wurzelscheiben darin 5 Minuten pochieren, dann abgießen und abtropfen lassen.
Nebenher den Salat putzen, die Blätter waschen, abtropfen lassen und nur die größeren längs vierteln oder halbieren.
Die Zwiebel schälen und in dünne Ringe schneiden.
Die Knoblauchzehe ebenfalls

schälen, dann mit etwas Salz breiig zerdrücken.
Basilikum und Petersilie waschen, trockentupfen und die Blätter fein hacken.
Den restlichen Essig mit dem Öl verrühren, den Knoblauch hinzufügen und die Soße mit Radicchioblätter und -wurzeln, Kräutern und Zwiebelringen vermischen. Mit den Mandelstiften bestreut servieren.

Der Salat schmeckt zu Wildschweinbraten oder -ragout, zu gebratener Ente, scharf gewürzten Grillhähnchen und zu gegrilltem Schweinerollbraten oder Spanferkel.

Vorbereitungszeit:
15 Minuten.
Zubereitungszeit: 5 Minuten.

Hinweis: Wenn die Wurzelteile als zu bitter empfunden werden, kann man sie natürlich weglassen, oder man ersetzt sie durch einen in ganz feine Scheiben geschnittenen Stengel Bleichsellerie.

Eisbergsalat und Romanasalat

Beide gehören in die Familie der Gartensalate, wenn sie auch rein äußerlich keine Ähnlichkeit aufweisen.
Eisbergsalat, der auch Krachsalat, Eissalat oder Eishäuptl genannt wird, hat knackig-feste, kräftige Blätter von weißgrünlicher Farbe, die einen kohlartig fest geschlossenen Kopf bilden.
Eisbergsalat ist sehr haltbar, die Blätter fallen nach der Zubereitung nicht zusammen, darum kann Eisbergsalat gut für üppige Salate verwendet werden.
Der Romanasalat hat lange, zarte Blätter, die an der Spitze zusammengebunden werden, damit die Herzblätter im Inneren weiß und zart bleiben. Er wird darum auch häufig als Bindesalat bezeichnet.

Eisbergsalat mit Sherrysoße

1 Kopf Eisbergsalat,
10 cl süße Sahne,
80 g Mayonnaise,
1 unbehandelte Orange,
3 cl trockener Sherry (Fino),
Salz, 1 Prise Cayennepfeffer,
1 Eßlöffel Mandelstifte,
1 Teelöffel Basilikumblättchen.

Die Blätter vom Strunk befreien. Große, weiche Außenblätter wegwerfen. Den Salat nur kurz waschen (wenn der Kopf sehr geschlossen ist, ist das oft nicht nötig), abtropfen lassen und vorsichtig in einem Küchentuch trockenschleudern.
Die Sahne nicht ganz steif schlagen. Mit der Mayonnaise verrühren.
Die Orange unter fließendem Wasser abspülen, abtrocknen und ganz dünn schälen. Die Schale in 2 mm breite Stiftchen schneiden und beiseite stellen.
Die Orange auspressen und den Saft zusammen mit dem Sherry unter die Sahnemayonnaise rühren. Die Soße mit Salz und Cayennepfeffer abschmecken.
Die Mandelstifte in einer beschichteten Pfanne ohne Fettzugabe goldbraun rösten.
Die Salatblätter in mundgerechte Stücke zerzupfen, nicht schneiden. Mit der Soße vermischen, mit Orangenschalen, Mandeln und Basilikumblättchen bestreuen.

Der Salat schmeckt zu allen kurzgebratenen Fleischsorten, zu Lammrücken, Hasenbraten und zu Rehgerichten aller Art.

Vorbereitungszeit:
20 Minuten.
Zubereitungszeit: 5 Minuten.

Variation: Soll der Salat zu hellem Fleisch, Geflügel oder Fisch gereicht werden, macht man ihn mit einer milden Sauce Vinaigrette (siehe Seite 29) an.

Romanasalat mit Kresse

1 großer Kopf Romanasalat,
1 Kästchen Kresse,
1 rote Zwiebel,
1 Knoblauchzehe,
½ Teelöffel scharfer Senf,
4 Eßlöffel Rotweinessig,
4 Eßlöffel süße Sahne,
2 Eßlöffel Crème fraîche,
2 Eßlöffel Distel- oder Traubenkernöl,
Salz, weißer Pfeffer aus der Mühle,
1 Eßlöffel gehackte Petersilie.

Den Romanasalat putzen, die Blätter vorsichtig waschen, abtropfen lassen, auf Haushaltspapier ausbreiten und trockentupfen.
Die Kresse unter fließendem Wasser abspülen, abtropfen lassen und die kleinen Blättchen mit einer Küchenschere abschneiden.
Zwiebel und Knoblauch schälen und sehr fein hacken.
Senf, Rotweinessig, süße Sahne, Crème fraîche und Öl in den Mixer geben und zu einer cremigen Soße schlagen (oder mit den Rührstäben des Handrührgeräts oder einem Schneebesen arbeiten). Die Soße mit Salz und Peffer abschmecken.
Den Salat in etwa 2 cm breite Streifen schneiden. Mit Kresse, Zwiebeln, Knoblauch und der Soße vermischen.
Mit Petersilie bestreut rasch servieren.

Der Salat schmeckt zu Putergerichten aller Art, zu Brathähnchen, Kalbs- und Schweineschnitzeln.

Vorbereitungszeit:
15 Minuten.
Zubereitungszeit: 5 Minuten.

Von Kraut und Kohl

Weder Weiß- und Rotkohl noch der zarte Chinakohl sind eigentliche Salatpflanzen, viel häufiger werden sie als Gemüse genossen. Da sie sich aber auch ganz hervorragend roh als Salate zubereiten lassen, dürfen sie natürlich nicht fehlen.
Weiß- und Rotkohl sind allerdings so fest in ihrer Blattstruktur, daß man sie vor der Zubereitung weich machen sollte. Zum einen sind sie dann aufnahmebereiter für die Soße, zum anderen leichter verdaulich.
Es gibt zwei Möglichkeiten.
Die erste: Den gehobelten Kohl mit kochendem Wasser übergießen, 10 Minuten stehenlassen, dabei einen Teller oder einen Deckel auf den Kohl legen, so daß er ganz unter Wasser ist. Dann in einem Durchschlag abgießen und gut ausdrücken.
Oder man schichtet den gehobelten oder geschnittenen Kohl lagenweise mit Salz in eine Schüssel und läßt ihn zugedeckt bei Zimmertemperatur 4 Stunden stehen. Dann hat das Salz dem Kohl reichlich Flüssigkeit entzogen und ihn weich und mürbe gemacht. Den Kohl abgießen und in einem sauberen Küchentuch sorgfältig trokkentupfen.
Bei dieser Methode die Soße allerdings ohne oder nur mit ganz wenig Salz anmachen, lieber den Salat nachwürzen.
Chinakohl braucht wegen seiner zarten Blätter eine solche Vorbehandlung nicht.

Rotkohlsalat mit Trauben

400 g Rotkohl,
1/8 l Fleischbrühe,
4 Eßlöffel Rotweinessig,
1 Teelöffel Korianderkörner,
5 Pimentkörner,
2 Gewürznelken,
100 g blaue Weintrauben,
1 säuerlicher Apfel (Jonathan, Gravensteiner, Boskop),
4 Eßlöffel Weizenkeimöl,
2 Eßlöffel geriebener Meerrettich aus dem Glas,
eventuell noch etwas Salz.

Den Rotkohl vierteln, dabei den Strunk entfernen. Die Kohlviertel hobeln oder fein schneiden. Dann mit kochendem Wasser überbrühen wie oben beschrieben.
Nach dem Abtropfen sofort mit heißer Fleischbrühe und Rotweinessig mischen.
Korianderkörner, Pimentkörner und Gewürznelken in einem Mörser fein zerstoßen und unter den Kohl heben.
Den Kohl mindestens 1 Stunde stehenlassen.
Die Weintrauben waschen, abtropfen lassen und die Beeren von den Stielen zupfen. Dann halbieren und entkernen.
Den Apfel vierteln, entkernen, schälen und fein würfeln.
Öl und Meerrettich unter den Salat mischen und diesen eventuell mit Salz nachwürzen. Zum Schluß die Trauben und Apfelwürfel unterziehen.

Der Salat schmeckt zu Schweinerollbraten, Hack- und Schinkenbraten und zu deftigen Fleischstücken vom Grill.

Vorbereitungszeit: ohne Zeit zum Durchziehen 25 Minuten.
Zubereitungszeit: 5 Minuten.

Mein Tip: Für Kinder sollte man den Meerrettich im Salat lieber weglassen. Man stellt ein Schälchen voll auf den Tisch und wer mag, würzt seinen Salat damit.

Weißkohlsalat mit Rosinen

500 g Weißkohl,
je 1/2 Teelöffel Kümmel und Pimentkörner,
2 Teelöffel Salz,
2 rote Zwiebeln,
2 dünne Stangen Lauch,
2 Scheiben Ananas aus der Dose,
50 g kernlose Sultaninen,
2 Becher Sahnejoghurt (je 175 g),
2 Eßlöffel feinstes Speiseöl,
Salz, weißer Pfeffer.

Den Weißkohl vierteln und hobeln, dabei den harten Strunk entfernen.
Kümmel und Pimentkörner in einem Mörser zerstoßen.
Den Kohl dann lagenweise, mit Salz und den Gewürzen bestreut, in eine Schüssel schichten und nach der 2. Methode behandeln.
Die Zwiebeln schälen und fein hacken. Den Lauch putzen, wenn nötig waschen, nur die hellen Blatteile in 2 mm dünne Ringe schneiden.
Ananas abtropfen lassen und in kleine Würfel schneiden.

Die Rosinen mit heißem Wasser überbrühen und gut abtropfen lassen.
Aus Joghurt und Öl eine glatte Soße rühren, mit wenig Salz und reichlich Pfeffer abschmecken. Alle Salatzutaten mit der Soße vermischen.
Den Salat 10 Minuten ziehen lassen, dann eventuell mit Salz nachwürzen.

Der Salat schmeckt zu allen deftigen Braten, zu Gulasch, gebratener Ente und gekochtem Rindfleisch.

Vorbereitungszeit:
ohne Zeit zum Durchziehen 20 Minuten.
Zubereitungszeit: 5 Minuten.

Chinakohlsalat nach Christas Art

600 g Chinakohl,
2 Orangen, 2 Mandarinen,
4 Eßlöffel Zitronensaft,
1 Teelöffel Zucker, Salz,
2 Eßlöffel Distel- oder Traubenkernöl.

Den Chinakohl längs halbieren, waschen, gründlich abtropfen lassen und feinnudlig schneiden.
Die Orangen wie Äpfel schälen, damit auch die pelzige Innenhaut abgeht. Die Filets dann mit einem scharfen Messer aus den Trennhäuten lösen und halbieren.
Die Mandarinen schälen und die dünnen Häutchen von den Filets abziehen.
Den Zitronensaft mit Zucker und Salz verrühren, dann das Öl untermischen. Alle Salatzutaten in einer Schüssel gründlich vermengen und vor dem Servieren noch 5 Minuten durchziehen lassen.

Vorbereitungszeit:
15 Minuten.
Zubereitungszeit: 5 Minuten.

Tomaten und Gurken

Für Salate sind sowohl die großen Fleischtomaten als auch die kleinen Kugeltomaten geeignet. Tomaten kommen während der Saison aus Deutschland, Italien oder Spanien, aber auch aus Bulgarien auf unsere Märkte. Eine sehr lange Saison haben die roten „Paradiesäpfel“, die von den Kanarischen Inseln importiert werden. Das ganze Jahr hingegen sind Treibhaustomaten aus Holland und zum Teil auch aus Belgien zu haben. Die Treibhausprodukte zeichnen sich insbesondere durch ein erstklassiges Aussehen und festes Fruchtfleisch aus, nur sind sie nicht so geschmacksintensiv wie die unter der „echten“ Sonne gereiften.
Gurken stehen das ganze Jahr über aus verschiedenen Herkunftsländern als Treibhausware zur Verfügung. Freilandgurken im Sommer kommen aus deutschen Landen und Holland frisch auf den Tisch.
Nur wenn man wirklich Gurken aus biologischem Anbau bekommt, sollte man sie mit Schale verzehren. In anderen Fällen ist es immer besser sie zu schälen. Zwar stecken gerade in der Schale die meisten Vitamine und Mineralstoffe, aber auch die meisten Rückstände aus Düngung und negativer Umweltbeeinflussung.

Einfacher Tomatensalat

- 500 g schnittfeste Tomaten,
- 1 Zwiebel oder 3 Schalotten,
- 2 Eßlöffel Kräuteressig,
- 1 Messerspitze scharfer Senf,
- 1 kräftige Prise Salz,
- 1 Prise Zucker,
- 6 Eßlöffel kaltgepreßtes Olivenöl (Jungfernöl),
- Pfeffer aus der Mühle,
- 1 Teelöffel Schnittlauchröllchen.

Die Tomaten mit kochendem Wasser überbrühen, häuten und quer in Scheiben schneiden. Dabei den grünen Stengelansatz entfernen.
Die Zwiebel oder Schalotten schälen und sehr fein hacken. Den Essig mit Senf, Salz und Zucker verrühren. Dann das Öl unterrühren.
Alles mit der Soße vermischen und mit reichlich Pfeffer übermahlen. Mit Schnittlauchröllchen bestreut servieren.

Der Salat schmeckt zu allen Lamm- oder Hammelgerichten, zu Frikadellen, Hackbraten oder Grillfleisch.

Vorbereitungszeit: 10 Minuten.
Zubereitungszeit: 5 Minuten.

Variationen: Den Salat zusätzlich mit Knoblauch würzen. Außerdem passen noch folgende Kräuter besonders gut zu Tomaten: Basilikum, Borretsch, glatte und krause Petersilie, Kerbel, Liebstöckel und Dill.

Gurkensalat nach Henriette Davidis

- 1 große Salatgurke,
- 1 kleine Zwiebel oder 2 Schalotten,
- ½ Bund Dill,
- 1–2 Zweige Estragon,
- 1 kleiner Becher Crème fraîche (100 g),
- 2 Eßlöffel Kräuteressig,
- 2 Eßlöffel Weizenkeimöl,
- Salz, schwarzer Pfeffer aus der Mühle, 1 Prise Zucker.

Die gewaschene Salatgurke schälen. Die Enden prüfen, wenn sie bitter sind, müssen sie abgeschnitten werden. Die Gurke in etwa 2 mm dicke Scheiben schneiden.
Die Zwiebel oder Schlalotten schälen und fein hacken.
Dill und Estragon waschen, trockentupfen und den Dill fein schneiden. Die Estragonblättchen von den Stielen zupfen und fein hacken.
Die Crème fraîche mit Essig und Öl verrühren, mit Salz, Pfeffer und Zucker abschmekken. Mit Zwiebel oder Schalotten und der Hälfte der Kräuter vermischen. Die Gurken mit der Soße mischen und den restlichen Kräutern bestreuen.

Der Salat schmeckt zu pochierten Fischfilets, zu Fischfrikadellen, gekochter Rinderbrust, Schmorbraten aller Art und Hammelbraten.

Vorbereitungszeit: 10 Minuten.
Zubereitungszeit: 5 Minuten.

Löwenzahnsalat

Löwenzahnsalat kann man entweder selbst im Frühling auf einer – möglichst nicht in der Nähe einer Autostraße gelegenen – Wiese „wild" pflücken, oder man kauft ihn als Zuchtpflanze bei einem gut sortierten Gemüsehändler. Den sogenannten Kulturlöwenzahn haben sowohl die Franzosen als auch die Italiener in ihrem festen Salatrepertoire. Und sie exportieren ihn auch. Wobei die Franzosen im allgemeinen die typisch dunklen Blätter, die Italiener fast gelbweiße Blätter bevorzugen. Das helle Blattwerk erzielt man durch Abdecken mit dunkler Folie oder (als Tip für die häusliche Eigenzucht) gewölbten Dachziegeln. Kulturlöwenzahn ist stets sehr lang. Dunkle Sorten enthalten mehr Bitterstoffe als die mit hellen Blättern.
Je heller der Löwenzahn jedoch ist, um so weniger Vitamine und Mineralstoffe enthält er. Darum muß er mit Kräutern „aufgewertet" werden. Ebenso bereichern Kräuter auch bitteren, wilden Löwenzahn, den man, um ihm den bitteren Geschmack (und damit zwangsläufig auch kostbare Inhaltsstoffe) zu entziehen, einige Sekunden in kochendem Wasser blanchiert.

400 g Kulturlöwenzahn oder
250 g wilder Löwenzahn,
2 hartgekochte Eier,
1 Teelöffel Kräutersenf,
3 Eßlöffel Rotwein- oder Kräuteressig,
6 Eßlöffel feinstes Speiseöl,
Salz,
weißer Pfeffer aus der Mühle,
1 Prise Zucker,
1 kleine Zwiebel oder 2 Schalotten,
½ Bund gemischte Kräuter der Saison.

Den Löwenzahn putzen, waschen und trockenschwenken oder -schleudern. Bei Kulturlöwenzahn die Blattstengel in etwa 1 cm breite Streifen schneiden, die Blätter mundgerecht zerzupfen. Wilden Löwenzahn nur zerzupfen.
Die Eier schälen. Das Eiweiß fein hacken und beiseite stellen.
Die Eigelbe durch ein Sieb streichen, dann mit Senf, Essig und Öl zu einer cremigen Soße verrühren. Mit Salz, Pfeffer und Zucker abschmecken.
Die Zwiebel oder Schalotten schälen und fein hacken.
Die Kräuter waschen, abtropfen lassen, trockentupfen und auch fein hacken.
Den Salat mit der Soße, der Hälfte von Zwiebel oder Schalotte und der Kräuter vermischen.
In eine Servierschale geben. Mit Eiweiß, restlicher Zwiebel (oder Schalotten) und den übrigen Kräutern bestreuen. Erst bei Tisch mischen.

Löwenzahnsalat schmeckt zu Lamm- oder Hammelbraten, zu kräftigen Wildbraten (Wildschwein, Hirsch), zu Rinderschmorbraten und zu einem deftigen Schweinebraten.

Vorbereitungszeit: 20 Minuten.
Zubereitungszeit: 5 Minuten.

Variationen: Löwenzahnsalat kann man ebenso wie Spinatsalat oder Feldsalat (siehe Seiten 12 und 13) zubereiten. Oder man bereitet aus gebratenem Speck, dem Speckfett und reichlich Essig eine heiße Soße, die sofort über den Salat gegossen wird, den man dann nur noch mit gehackter Petersilie bestreut.

Wildkräutersalat

Kenner haben keine Probleme, sich im Frühling oder Frühsommer in Feld und Flur ihre Lieblingskräuter zusammenzusuchen. Für den Laien ist das schon schwieriger, und er ist nicht selten auf das Angebot angewiesen, das ihm in Alternativ- oder Bioläden zur Verfügung gestellt wird. Und da kann er interessante Entdeckungen machen, sich auch Anregungen für die Zubereitung holen.

75 g Sauerampfer,
75 g zarte Löwenzahnblätter,
75 g großblättrige Brunnenkresse,
50 g zarte Brennesselblätter,
75 g Kapuzinerkresse,
50 g Bärlauch (ersatzweise 2 Knoblauchzehen),
1 Eigelb, ½ Teelöffel Senf,
3 Eßlöffel Essig,
Salz, weißer Pfeffer aus der Mühle,
6 Eßlöffel Distelöl,
1–2 Eßlöffel trockener Weißwein.

Alle Wildkräuter sorgfältig verlesen, wenn nötig putzen, dann waschen und trockenschleudern. Großblättrigen Sauerampfer, Löwenzahn und die Kapuzinerkresse in mundgerechte Stücke schneiden. Die Bärlauchstengel waschen, mit Haushaltspapier abtrocknen und in dünne Ringe schneiden. (Knoblauch schälen und fein hacken.)
Das Eigelb durch ein Sieb streichen, mit Senf, Essig, Salz und Pfeffer verrühren, dann erst das Öl und nach Belieben noch den Weißwein unterrühren. Salat und Soße vermischen und sofort servieren.

Der Salat schmeckt zu allen Wildgerichten, zu Rinderfilet und zu allen Wildgeflügeln.

Vorbereitungszeit:
25 Minuten.
Zubereitungszeit:
5 Minuten.

Grunddressings

Johannisbeerdressing

½ Rezept Mayonnaise,
2 Eßlöffel Johannisbeergelee,
1 Teelöffel frisch geriebener Meerrettich,
abgeriebene Schale und Saft
von ½ unbehandelten Orange,
etwas Zitronensaft,
1 Prise Salz,
1 kräftige Prise englisches Senfpulver,
2 Eßlöffel süße Sahne.

Die Mayonnaise mit dem Johannisbeergelee, Meerrettich, der Schale und dem Saft der Orange verrühren.
Mit Zitronensaft, Salz und Senfpulver abschmecken und zum Schluß mit der Sahne vermischen.
Variation: Zusätzlich noch etwas Apfelmus in die Soße geben und das Senfpulver durch edelsüßen Paprika ersetzen. Diese Soße paßt vorzüglich zu Fischsalaten.

Sahnedressing

4 Eßlöffel frisch gepreßter Zitronensaft,
½ Teelöffel scharfer Senf,
Salz, 1 Prise Zucker,
schwarzer Pfeffer aus der Mühle,
⅛ l süße Sahne.

Den Zitronensaft mit Senf verrühren, mit Salz, Zucker und Pfeffer pikant würzen.
Die Sahne halbsteif schlagen, dabei nach und nach den Zitronensaft einlaufen lassen. Auf diese Weise gerinnt die Soße nicht, sondern bleibt glatt und geschmeidig.
Variation: Unter die Sahnesoße noch etwa 3 Eßlöffel Mayonnaise mischen, dann heißt das Dressing in der Küchensprache „Chantilly-soße“.

Roquefortsoße

125 g Roquefort,
6 Eßlöffel kaltgepreßtes Olivenöl,
2 Eßlöffel Wein- oder Sherryessig,
schwarzer Pfeffer aus der Mühle.

Den Roquefort mit einer Gabel fein zerdrücken.
Öl und Essig cremig verrühren, nach und nach den Käse dazugeben und alles zu einer glatten Masse verarbeiten.
Die Soße pikant mit Pfeffer abschmecken.
Variationen: Milder wird die Soße, wenn man statt Roquefort Gorgonzola verwendet.
Um sie cremiger zu bekommen, gibt man noch etwas Crème fraîche dazu. Dann ist die Soße besonders gut für pikante Obstsalate geeignet.
Hinweis: Roquefortsoße wird fälschlich oft als „French Dressing“ bezeichnet. Dabei handelt es sich aber in der klassischen Küche um eine einfache Essig-Öl-Marinade, die außer mit Salz und Pfeffer noch mit etwas französischem Senf (Dijonsenf) gewürzt wird.

Mayonnaise

2 Eigelb, 1 Prise Salz,
1 Teelöffel frisch gepreßter Zitronensaft,
1 Teelöffel scharfer Senf,
½ l feinstes Oliven- oder Weizenkeimöl.

Von den zimmerwarmen Eigelben die weißen Fäden entfernen. Eigelb mit Salz, einigen Tropfen Zitronensaft und dem Senf in einer Schüssel mit einem Schneebesen zu einer homogenen Masse verrühren.
Zuerst das Öl tropfenweise, dann in einem dünnen Strahl einlaufen lassen, dabei kräftig rühren, am besten mit den Rührstäben des Handrührgeräts.
Erst zum Schluß mit dem restlichen Zitronensaft und nach Belieben noch mit etwas Salz abschmecken.
Mein Tip: Mayonnaise gelingt immer, wenn alle Zutaten Zimmertemperatur haben.
Wird Mayonnaise in größeren Mengen hergestellt, sollte man den Mixer verwenden.
Mayonnaise hält sich im Kühlschrank gut verschlossen etwa 14 Tage.

Russian Dressing

1 Rezept Thousand-Islands-Dressing,
¼ kleine gehackte rote Bete,
½ Bund Schnittlauch,
1 Teelöffel gehackte Petersilie,
1 Teelöffel Kaviar.

Thousand-Islands-Dressing mit der (nach Belieben rohen oder gekochten) roten Bete vermischen.
Den Schnittlauch abspülen, trockentupfen und zusammen mit der Petersilie auch in das Dressing geben.
Unmittelbar vor dem Servieren den Kaviar untermischen.
Tip: Deutscher Kaviar ist zwar am preiswertesten, gibt aber dem Dressing eine wenig attraktive Färbung. Wem echter Kaviar zu schade und zu teuer ist, der kann roten oder gelben Lachskaviar oder dunklen Forellenkaviar untermischen.

Plazadressing

2 Eßlöffel Mango-Chutney,
3 Eßlöffel Estragonessig,
½ Teelöffel englisches Senfpulver,
Salz,
5 Eßlöffel kaltgepreßtes Olivenöl (Jungfernöl) oder Traubenkernöl.

Das Mango-Chutney ganz fein hacken.
Den Essig mit Senfpulver und Salz verrühren.
Dann tropfenweise das Öl hinzufügen und zum Schluß alles mit dem Mango-Chutney verrühren.
Dieses Dressing paßt nur zu Fleisch- und Eiersalaten und zu Salaten von gekochtem Fisch.

Klassische Vinaigrette

1 Bund Kräuter der Saison
(mindestens aber Petersilie, Kerbel,
Schnittlauch und Estragon),
1–2 Schalotten,
2 hartgekochte Eigelbe,
2 Eßlöffel Kräuteressig,
½ Teelöffel scharfer Senf, Salz,
schwarzer Pfeffer aus der Mühle,
5 Eßlöffel kaltgepreßtes Olivenöl (Jungfernöl).

Die Kräuter waschen, gründlich trockentupfen und hacken. Die geschälten Schalotten ebenfalls sehr fein hacken. Die Eigelbe durch ein Sieb streichen, mit Kräuteressig und Senf verrühren, mit Salz und Pfeffer pikant würzen. Nach und nach das Öl unterrühren. Zum Schluß Kräuter und Schalotten zufügen.
Variation: Pikanter schmeckt die Soße, wenn man noch einige gehackte Kapern und ganz fein gehackte Sardellen hinzufügt. Dann eignet sich die Vinaigrette besonders gut für Salate aus gekochtem Fisch oder Fleisch.

Thousand-Islands-Dressing

½ kleine rote Paprikaschote,
½ kleine grüne Paprikaschote,
1 Schalotte oder kleingehackte Zwiebeln,
50 g Mayonnaise,
4 Eßlöffel saure Sahne,
Salz, Paprika edelsüß, Chilisoße.

Die gewaschenen und geputzten Paprikaschoten ganz fein hacken. Die geschälte Schalotte ebenfalls hacken.
Mayonnaise und saure Sahne vermischen, sehr würzig mit Salz, Paprika und Chilisoße vermischen und die gehackten Paprikaschoten und Schalotten untermischen.
Variation: Sehr viel kalorienärmer wird dieses Dressing, wenn man die Mayonnaise durch Joghurt oder durchgestrichenen Quark ersetzt. Dann aber zusätzlich mit 1 Prise Zucker abschmecken.

Gekochte Gemüse als Feinschmeckersalat

In der Landschaftsküche haben sie eine lange Tradition, die „Neue Küche“ kommt an ihnen nicht vorbei. Denn gerade sie geben vielen Gerichten erst den angemessenen Rahmen! Und die Variationsbreite der Zubereitungsmöglichkeiten läßt kaum einen Wunsch offen!

Salat von Knollensellerie

Knollensellerie ist – von Oktober bis April aus dem heimischen Anbau erhältlich – dank seines Mineralstoff- und Vitaminreichtums ein wertvolles Wintergemüse. Der starken ätherischen Öle wegen ist der Sellerie als Suppengewürz oder Eintopfeinlage sehr geschätzt.
Als reine Gemüsebeilage wird er allerdings weniger verwendet, dafür mehr als Salat. Und zwar vorwiegend in gekochter Form, seltener roh – dann nur ganz fein geraffelt oder in Juliennes (feine Streifen) geschnitten.

2 kleine Sellerieknollen (je etwa 300 g) mit etwas Blattgrün,
4 Eßlöffel Kräuter- oder Weinessig,
Salz,
1 Teelöffel Dillsamen,
1 kräftige Prise Zucker,
schwarzer Pfeffer aus der Mühle,
1 großer, säuerlicher Apfel (z.B. Boskop),
5 Eßlöffel beliebiges Speiseöl (sehr gut geeignet ist Walnußöl).

Von den Sellerieknollen die zarten Blätter abschneiden, die Knollen unter fließendem Wasser gründlich abbürsten, dann schälen.
¾ l Wasser mit 2 Eßlöffeln Essig, 1 Teelöffel Salz und den Dillsamen zum Kochen bringen. Die Sellerieknollen einlegen und in etwa 20 Minuten nur so weich kochen, daß sie noch „Biß" haben.
Die Knollen abtropfen lassen und kurz unter lauwarmem Wasser abspülen, damit eventuelle Dillsamen abgehen. Die Knollen halbieren oder vierteln, dann mit einem Buntmesser in dünne Scheiben schneiden.
Aus 2 Eßlöffeln durchgesiebtem Kochsud, dem restlichen Essig, Zucker und Pfeffer eine pikante Soße rühren.
Den Apfel vierteln, schälen, von Blüten- und Stengelansatz befreien und grob raffeln. Dabei das Kerngehäuse entfernen. Rasch mit dem Sellerie und der Soße mischen und den Salat 20 Minuten durchziehen lassen.
Die Sellerieblättchen waschen, trockentupfen und fein hacken. Dann zusammen mit dem Öl unter den Salat mischen. Den Salat eventuell mit Salz nachwürzen und servieren.

Der Salat schmeckt besonders gut zu gegrilltem oder gebratenem Schweinefleisch, zu Wildbraten aller Art und zu Gänsebraten oder gebratener Ente. In Norddeutschland wird er auch zu Hackbraten („Falscher Hase") und Rinderschmorbraten gereicht.

Vorbereitungszeit:
ohne Kochzeit und ohne Zeit zum Abkühlen 15 Minuten.
Zubereitungszeit: 10 Minuten.

Rote-Bete-Salat

Rote Bete oder Rüben – auch Rahnen genannt – haben aus deutschem Anbau im September und Oktober Hochsaison, sind aber in begrenzter Menge, bzw. aus sachgerechter Lagerhaltung kommend, den ganzen Winter über zu haben. Importware ist – knapp und teuer – hingegen das ganze Jahr über im Handel, zum Teil als vorgeschälte, vakuumverpackte Knollen. Rote Bete gehören zwar zu den Knollengemüsen, werden jedoch sehr selten als Frischgemüse, meist als Salat und vor allem als Sauerkonserve angeboten. Da sie sowohl für Gemüse als auch für die meisten Salate vor der Zubereitung ungeschält gekocht werden, gibt es kaum Verluste der Vitamine und Mineralstoffe.
Die zarten Innenblättchen (Herzblätter) sollte man jedoch stets roh oder nur ganz kurz gedünstet an einen Salat geben. Sie sind besonders eisenhaltig.

600 g rote Bete
mit Blattwerk (kleine Knollen),
1 Teelöffel Kümmel,
1 Teelöffel Dill- oder
Fenchelsamen,
Salz,
8 Eßlöffel Kräuter-
oder Rotweinessig,
1 kleine Zwiebel,
1 kleine Knoblauchzehe,
½ Bund gemischte
Kräuter der Saison,
½ Teelöffel scharfer Senf,
1 Prise Zucker,
weißer Pfeffer
aus der Mühle,
8 Eßlöffel feinstes Speiseöl.

Die rote Bete von den Blättern befreien, dabei jedoch die Schale nicht verletzen, weil die Knollen sonst beim Kochen „ausbluten“ würden.
1 l Wasser mit dem Kümmel, Dill- oder Fenchelsamen, 1 Eßlöffel Salz und 4 Eßlöffeln Essig zum Kochen bringen.
Die Rote-Bete-Knollen einlegen und zugedeckt in 25 Minuten garen.
Dann abgießen, rasch unter kaltem Wasser abschrecken und schälen. Mit einem Buntmesser in etwa 1 mm dicke Scheiben schneiden und abkühlen lassen.
Die Zwiebel und die Knoblauchzehe schälen und ebenso wie die zuvor abgespülten, trockengeschwenkten oder -getupften Kräuter fein hacken.
Aus dem restlichen Essig, dem Senf, Salz, Zucker und Pfeffer eine pikante Soße rühren. Das Öl einschlagen (mit dem Schneebesen) und nach Belieben noch etwas Kochsud hinzufügen.
Rote Bete und Soße vermischen. Die zarten Blättchen abspülen, trockentupfen und hacken. Den Salat in eine Servierschale füllen und mit den Blättchen bestreuen.

Der Salat schmeckt zu Wildgerichten aller Art, gekochtem Rindfleisch und gegrillter Schweinshaxe.

Vorbereitungszeit:
ohne Kochzeit und ohne Zeit zum Abkühlen 25 Minuten.
Zubereitungszeit: 5 Minuten.

Fenchelsalat

Seine Heimat hat der Fenchel in Persien und rund ums Mittelmeer. War er früher eine bedeutende Gewürzpflanze, wird er heutzutage überwiegend als Gemüse geschätzt. Allerdings haben erst langwierige züchterische Bemühungen aus der hochstieligen, reich mit Blättern und Fruchtdolden ausgestatteten Gewürzpflanze den knollenartigen Gemüsefenchel werden lassen, der allerdings keine Früchte hat. Gewürzfenchel wird zum Teil auch in Deutschland angebaut, Gemüsefenchel hingegen ist fast ausschließlich Importware aus Italien oder Frankreich. Hochsaison hat das feine, zarte Gemüse von Oktober bis April, wird aber in geringen Mengen auch im Sommer angeboten.

750 g kleine Fenchelknollen,
1/8 l trockener Weißwein,
Salz,
1 Teelöffel Zucker,
1/2 Bund (glatte) Petersilie,
3 Eßlöffel Weinessig,
4 Eßlöffel kaltgepreßtes Olivenöl (Jungfernöl),
schwarzer Pfeffer aus der Mühle.

Von den Fenchelknollen die harten Stiele und das Grün abschneiden. Das Grün beiseite legen.
Den Fenchel putzen, halbieren und die harten Innenkerne abschneiden.
1/2 l Wasser und den Wein in einem Topf mischen. Mit reichlich Salz und dem Zucker würzen, aufkochen und den Fenchel einlegen. Zugedeckt bei mittlerer Hitze in etwa 15 Minuten halbweich werden lassen. In einem Durchschlag abtropfen, dann abkühlen lassen.
Die Petersilie und das Fenchelgrün waschen, trockentupfen und hacken.
Die halbierten Fenchelknollen längs in je 4 Streifen schneiden und dekorativ auf einer tiefen Platte anrichten.
Mit Essig und Öl übergießen, mit Kräutern bestreuen und mit reichlich Pfeffer übermahlen.
Der Salat schmeckt zu pochiertem oder gebratenem Fisch, zu hellen Braten, Kalbs- oder Schweineschnitzeln, zu gebratenem Bries oder gegrillten Scampi.

Vorbereitungszeit:
10 Minuten.
Zubereitungszeit:
ohne Zeit zum Abkühlen
5 Minuten.

Variation: Natürlich kann Fenchel auch ungekocht als Salat gereicht werden. Dann schneidet man die geputzten, halbierten und gewaschenen Knollen quer in dünne Scheiben und gibt nur eine einfache Vinaigrette (siehe Seite 29) oder ein Sahnedressing (siehe Seite 26) dazu. Mit dem gehackten Fenchelgrün bestreuen. Der Salat schmeckt zu allen Fischgerichten.

Mein Tip: Fenchelabfälle nicht wegwerfen, sondern putzen, waschen, gründlich abtrocknen, fein hacken und einfrieren oder trocknen lassen. Dann in kleinen Portionen als Suppen- oder Eintopfwürze verwenden.

Kohlrabisalat

Kohlrabi sieht nur wie eine Knolle aus, botanisch gehört er in die Gruppe der Stengelgemüse. Zwischen Wurzelhals und Blattansatz entwickelt sich eine etwa apfelgroße Knolle, die je nach Sorte eine hellgrüne oder violette Farbe haben kann.
Auch wenn der helle Kohlrabi meist für den zarteren gehalten wird: Im Inneren besteht kein Unterschied. Meist stammt der helle Kohlrabi aus Gewächshäusern, der dunkle vom freien Feld.
Bei Kohlrabi stets die zarten Herzblättchen verwenden, sie enthalten wesentlich mehr Vitamine und Mineralstoffe als der Kohlrabi selber und geben eine dezente Würze.

3 Kohlrabi (je etwa 200 g),
½ l kräftig gewürzte Fleischbrühe,
8 Stengel Basilikum oder 8 große Blätter,
½ Bund Kerbel,
1 Stengel Zitronenmelisse,
1 junge Möhre,
10 cl süße Sahne,
2 Eßlöffel Zitronensaft,
1 Eßlöffel Walnußöl,
eventuell etwas Salz.

Von den Kohlrabi die zarten Herzblättchen abschneiden und beiseite legen.
Die Knollen schälen, zuerst in Scheiben, dann in Streifen schneiden.
Die Fleischbrühe aufkochen, den Kohlrabi einlegen und 5 Minuten blanchieren. Mit einem Schaumlöffel herausheben und abkühlen lassen. Die Brühe nicht wegschütten (siehe Tip unten).
Herzblättchen, Basilikum, Kerbel und Zitronenmelisse waschen und trockentupfen. Harte Stielteile entfernen. Die Blättchen hacken.
Die Möhre schälen und ganz fein raffeln oder hacken.
Die Sahne mit dem Zitronensaft und dem Walnußöl verrühren und eventuell mit etwas Salz würzen.

Kohlrabi, Kräuter und Möhre mit der Soße vermischen, dann in eine Servierschüssel füllen.
Der Salat schmeckt zu kurzgebratenem Fleisch aller Art, zu Kalbsbrust, zartem Schweinebraten, zu Lamm- oder Hammelgerichten aller Art und zu pochiertem Fisch.

Vorbereitungszeit:
5 Minuten.
Zubereitungszeit:
ohne Zeit zum Abkühlen
20 Minuten.

Variation: Für Kohlrabi aus ungekochten Knollen werden diese wie beschrieben vorbereitet, dann grob geraffelt und mit einem Roquefortdressing (siehe Seite 27) vermischt. Mit den gehackten Herzblättchen und gehackter Petersilie bestreuen.
Zu gebratenem oder pochiertem Fisch reichen. Der Salat schmeckt aber auch zu Kalbs- oder Schweinelendenbraten.

Mein Tip: Den Kochsud nicht fortschütten, sondern am nächsten Tag als Grundlage für Kohlrabicremesuppe verwenden.
Dazu eine geschälte, gehackte Kohlrabiknolle darin mit 1–2 in Ringe geschnittenen Lauchstangen weichdünsten, im Mixer pürieren und mit Milch und Sahne auffüllen. Wieder erhitzen und mit Muskatnuß abschmecken.

Blumenkohlsalat mit Currysoße

Blumenkohl ist vermutlich das in Deutschland am meisten genossene Feingemüse, dennoch wird es meist auf die denkbar schlichteste Weise zubereitet. Dabei läßt gerade sein zarter, anpassungsfähiger Geschmack äußerst delikate Variationen zu.

1 Blumenkohl (etwa 750 g),
Salz,
1 Teelöffel Zucker,
5 Pfefferkörner,
1 kleine rote Paprikaschote,
2 Frühlingszwiebeln,
100 g Delikateßmayonnaise,
2 Eßlöffel süße Sahne,
1 Eßlöffel Zitronensaft,
1 Eßlöffel Currypulver,
1 Messerspitze
gemahlener Koriander,
25 g grob gehackte
Haselnüsse, einige Koriander- oder Kerbelblättchen.

Den Blumenkohl putzen, in Röschen zerteilen und gründlich waschen. Dann abtropfen lassen.
Etwa 1 l Wasser mit reichlich Pfefferkörnern zum Kochen bringen. Die Blumenkohlröschen einlegen und in etwa 10 Minuten bißfest kochen.
Die Paprikaschote putzen, waschen, einmal quer halbieren, dann längs in hauchdünne Streifen schneiden.
Die Frühlingszwiebeln putzen, das Weiß fein hacken und die grünen Teile in dünne Ringe schneiden.
Die Blumenkohlröschen mit einem Schaumlöffel aus dem Kochwasser heben, in einen Durchschlag oder auf eine dicke Lage Haushaltspapier legen, damit sie ganz abtropfen. Dann abkühlen lassen.
Mayonnaise, Sahne, Zitronensaft und Currypulver verrühren, mit dem Koriander und eventuell noch etwas Salz abschmecken.
Die Blumenkohlröschen mit den Zwiebeln, den Paprikastreifen und der Soße vorsichtig mischen. Mit Haselnüssen und nach Belieben noch Koriander- oder Kerbelblättchen bestreut servieren.
Der Salat schmeckt zu dunklen und hellen Braten aller Art, zu Puterteilen und zu pochiertem Fisch.

Vorbereitungszeit:
ohne Zeit zum Abkühlen
25 Minuten.
Zubereitungszeit: 5 Minuten.

Mein Tip: Werfen Sie Strünke von Blumenkohl oder auch von Brokkoli nicht weg, geschält, gekocht und püriert können sie für eine Gemüse- oder Cremesuppe verwendet werden.

Brokkolisalat

Brokkoli – oft auch Broccoli geschrieben – ist nicht, wie man vielfach annimmt, eine veredelte Form des weißen Blumenkohl. Vielmehr ist der Brokkoli dessen „Vorgänger". Als man nämlich vor Jahrhunderten den aus Kleinasien stammenden wilden Blumenkohl zu züchten und veredeln begann, wurde zuerst der Brokkoli daraus, erst viel später ergaben weitere Zuchtversuche das helle, weiße Ergebnis, das nun unser Blumenkohl ist.

750 g Brokkoli,
Salz,
4 Eßlöffel Weinessig,
1 Teelöffel scharfer Senf,
1 kräftige Prise Zucker,
schwarzer Pfeffer aus der Mühle,
2 hartgekochte Eier,
6 Eßlöffel Öl,
1 Bund gemischte Kräuter der Saison (ersatzweise 1 Packung tiefgekühlte Kräutermischung,
4 Tomaten,
½ Bund Radieschen,
2 Scheiben Toastbrot,
10 g Butter,
1 Knoblauchzehe.

Den Brokkoli putzen, harte Stielteile abschneiden, die Stiele schälen und tief über Kreuz einschneiden, damit Stiele und Röschen gleichmäßig garen.
Reichlich Wasser kräftig salzen, den Brokkoli hineinlegen und in 10–12 Minuten bißfest kochen. Mit einem Schaumlöffel herausnehmen, kurz kalt abschrecken, gut abtropfen lassen, dann auf eine dicke Lage Haushaltspapier legen und abkühlen lassen.
In der Zwischenzeit die Soße vorbereiten.
Dazu den Essig mit Senf, Zucker, Salz und Pfeffer verrühren.
Die Eier schälen, die Eigelbe

durch ein Sieb streichen, das Eiweiß fein hacken und beiseite stellen.
Das Eigelb zusammen mit dem Öl unter den Essig mischen.
Die Kräuter waschen, trokkentupfen und fein hacken (tiefgekühlte Kräuter auftauen lassen). Auch mit der Soße verrühren.
Die Tomaten überbrühen, häuten, vierteln, entkernen und von den grünen Stengelansätzen befreien. Das Fruchtfleisch in feine Streifen schneiden.
Die Radieschen von Wurzel- und Stengelansätzen befreien, waschen und vierteln.
Den Brokkoli in Röschen teilen, die Stielenden in etwa 1 cm dicke Scheiben schneiden. Röschen und Stiele mit der Soße, den Radieschen und den Tomatenstreifen vermischen und in eine Schüssel geben.
Die Toastbrotscheiben entrinden. Die Butter in einer Pfanne erhitzen und die Brotscheiben darin auf jeder Seite goldbraun rösten.
Die Knoblauchzehe schälen, halbieren und die gerösteten Brotscheiben kräftig damit einreiben, dann in ganz winzige Würfel schneiden.
Den Salat in eine Schale füllen, mit Eiweiß und Brotcroûtons bestreut servieren.
Der Salat schmeckt zu kurzgebratenem Fleisch, wie Rump- oder Filetsteaks, zu gebratenem Hähnchen, zu feinem Kalbshackfleischbraten, zu Wildragouts und Lammkoteletts.

Vorbereitungszeit:
ohne Kochzeit 15 Minuten.
Zubereitungszeit: 15 Minuten.

Variation: Statt der Knoblauchcroûtons kann man etwas feingewürfelten, ausgelassenen Schinkenspeck über den Salat geben, oder man bestreut ihm mit gerösteten Mandelblättchen oder mit kleinen, gesalzenen Erdnüssen.

Rosenkohlsalat

Rosenkohl gehört zu den schmackhaftesten Wintergemüsen unserer Breiten. Ebenso wie beim Grünkohl verbessert auch beim Rosenkohl ein leichter Frost den Geschmack. Darum wird Freilandrosenkohl stets erst nach dem ersten Frost geerntet. Über den Weg des Rosenkohls in europäische Kochtöpfe gibt es verschiedene Geschichten. Nach der wahrscheinlichsten ist der Rosenkohl ebenso wie der Chicorée das Resultat intensiver Züchterarbeit der anscheinend überaus tüchtigen Gärtner von Brüssel. Vor etwa 120 Jahren soll es dort erstmals Rosenkohl gegeben haben, darum wird er in Frankreich auch „chou de Bruxelles“ und in England „Brussels sprout“ genannt.

500 g geschlossene, kleine Rosenkohlröschen,
½ l kräftig gewürzte Fleischbrühe,
1 rote Bete,
2 Möhren,
100 g Sellerieknolle,
2 Frühlingszwiebeln,
1 Bund glatte Petersilie,
1 Becher Crème fraîche (200 g),
Salz, schwarzer Pfeffer aus der Mühle,
geriebene Muskatnuß.

Den Rosenkohl putzen, d.h. eventuelle welke Blättchen entfernen und den Stengelansatz abschneiden. Die Röschen dann waschen und gründlich abtropfen lassen.
Die Stengelansätze ganz leicht über Kreuz einritzen.
Die Fleischbrühe zum Kochen bringen, die Kohlröschen einlegen und zugedeckt bei nicht zu starker Hitze in 8–10 Minuten bißfest kochen. Mit einem Schaumlöffel herausnehmen und in eine Schüssel geben.
Nebenher die rote Bete gründlich unter kaltem Wasser abbürsten, mit kaltem Wasser aufsetzen und in 15–20 Minuten garen.
Die Möhren und die Sellerieknolle schälen und in feine Streifen schneiden. Sie werden nach den Röschen in der Brühe in 5 Minuten bißfest gekocht. Das Gemüse dann abtropfen lassen.
Die Frühlingszwiebeln putzen, die weißen Teile hacken, die grünen in feine Ringe schneiden. Die rote Bete schälen und auch in dünne Streifen schneiden.
Petersilie abspülen, trockentupfen und fein hacken.
Alle Salatzutaten mit der Crème fraîche vermischen, mit Salz, Pfeffer und Muskatnuß pikant abschmecken.
Der Salat kann noch lauwarm sein.

Der Salat schmeckt zu Wildgerichten aller Art, zu gebratenem Fasan, zu Gänse- und Entenbraten.

Vorbereitungszeit:
20 Minuten.
Zubereitungszeit:
ohne Kochzeit 10 Minuten.

Rosenkohlsalat mit Walnüssen

Den geputzten Rosenkohl in reichlich Salzwasser 8 bis 10 Minuten kochen, abgießen und abkühlen lassen.
Aus 4 Eßlöffeln Sherryessig, ½ Teelöffel scharfem Senf, Salz, weißem Pfeffer aus der Mühle, etwas gestoßenem Koriander und 6 Eßlöffeln

Walnußöl eine Soße bereiten. Den Salat damit vermischen, 20 Minuten ziehen lassen. Mit 50 g gehackten Walnüssen und 1 hartgekochten, durch ein Sieb gestrichenen Eigelb bestreuen.

Den Salat zu Wild und Spanferkel servieren.

Vorbereitungszeit:
15 Minuten.
Zubereitungszeit:
ohne Zeit zum Kochen und Abkühlen 10 Minuten.

Rosenkohl in Maronensoße

Sehr kleine Kohlröschen in kräftig mit Salz, Pfeffer und Muskatnuß gewürztem Wasser in 6–8 Minuten bißfest kochen. Abtropfen und abkühlen lassen.
100 g Maronenpüree aus der Dose mit 4 Eßlöffeln Crème fraîche verrühren. Zwei sehr fein gehackte Schalotten und 2 Eßlöffel trockenen Sherry (Fino) hinzufügen und mit dem Salat mischen.
Nach Belieben noch mit gestoßenem bunten Pfeffer und einigen Kerbelblättchen bestreuen.

Den Salat zu Schweinefilet, gebratenem Wildgeflügel, Rehkeule oder Roastbeef reichen.

Vorbereitungszeit:
15 Minuten.
Zubereitungszeit:
ohne Zeit zum Kochen und Abkühlen 10 Minuten.

Spargel

Für Feinschmecker ist Spargel der König unter den Gemüsen.
Als Beilage oder gar als Hauptgericht kann Spargel für die Deutschen gar nicht weiß genug sein. Als Salat aber hat inzwischen auch hierzulande der von Franzosen, Italienern und Engländern so sehr geschätzte grüne Spargel bei den Gourmets seine Freunde gefunden. Er ist übrigens von etwas anderem „Stamm“ als der dickfleischige weiße Spargel, der seine Urheimat im Orient hat und sich schon bei Ägyptern, Griechen und Römern großer Beliebtheit erfreute.
Grüner Spargel dagegen ist eine veredelte Form einer nordafrikanischen Wildpflanze. Von ihm ißt man die länglichen Köpfe und nur ein wenig von den Stielen, weil sie nach unten hin hart und bitter werden.

Spargel-Champignon-Salat

500 g weißer Spargel,
½ Teelöffel Zucker,
Salz,
5 g Butter,
200 g kleine Steinchampignons (Egerlinge),
Saft von 1 Zitrone,
½ Teelöffel Korianderkörner
3 Eßlöffel Himbeeressig,
6 Eßlöffel Walnuß- oder Traubenkernöl,
½ Kästchen Kresse.

Den Spargel waschen, schälen und die unteren Enden abschneiden. Die Schalen in einen länglichen Topf mit Siebeinsatz geben und mit ⅛ l Wasser übergießen.
Den Siebeinsatz in den Topf stellen, da hinein die Spargel legen, mit Zucker und Salz bestreuen und Butterflöckchen belegen. Den Topf gut verschließen und den Spargel in 20–25 Minuten dünsten. Er soll auf jeden Fall noch „Biß“ haben.
Den Spargel abtropfen und abkühlen lassen.
In der Zwischenzeit die Champignons putzen. Dabei nacheinander jeden Pilz mit einem scharfen Messer vom Wurzelwerk befreien, mit

einem Küchentuch abreiben, mit dem Eierschneider in Scheiben schneiden und sofort in einer Schüssel mit dem Zitronensaft vermischen. Der Arbeitsablauf in dieser Form ist wichtig, damit die Pilze sich nicht verfärben.
Die Korianderkörner in einem Mörser zerstoßen.
Den Spargel in etwa 4 cm lange Stücke schneiden.
Essig und Öl mit dem Koriander und etwas Salz verrühren.
Die Champignons in einem Durchschlag abtropfen lassen, auf eine dicke Lage Haushaltspapier legen und leicht abtupfen.
Spargel, Champignons und die Soße in einer Servierschale vermischen.
Die Kresse abspülen, abtropfen lassen und die Blättchen abschneiden. Den Salat damit bestreuen und rasch servieren.

Der Salat schmeckt zu pochierten Edelfischfilets, zu geschnetzeltem Kalbfleisch, zu einem Ragout aus Meeresfrüchten oder zu gebratenem Schweinefilet.

Vorbereitungszeit:
ohne Kochzeit des Spargels
25 Minuten.
Zubereitungszeit: 10 Minuten.

Variation: Statt mit Champignons kann man den Spargel auch mit gekochten, abgekühlten Brokkoliröschen vermischen. Dann jedoch nicht mit Koriander, sondern nur mit einem Hauch schwarzem Pfeffer aus der Mühle würzen und den Himbeeressig durch Sherry- oder sehr guten Weinessig ersetzen.

Grüner-Spargel-Salat

600 g grüner Spargel,
Salz,
1 Prise weißer Pfeffer,
1 hartgekochtes Eigelb,
½ Bund Kerbel,
6 Stengel oder 6 große Blätter Basilikum,
4 Eßlöffel Sherry- oder Weinessig,
½ Teelöffel scharfer Senf,
6–7 Eßlöffel kaltgepreßtes Olivenöl (Jungfernöl).

Den Spargel in kaltem Wasser gründlich waschen. Mit einem scharfen Messer die unteren, holzigen Enden abschneiden. Die Spargelstangen dann von den Spitzen zum Ende hin gründlich schälen.
Reichlich Wasser kräftig mit Salz und dem Pfeffer würzen, zum Kochen bringen und den Spargel darin knapp 10 Minuten kochen. Abgießen, abtropfen und etwas abkühlen lassen.
In der Zwischenzeit das Eigelb nicht zu fein hacken.
Den Kerbel und das Basilikum waschen, trockentupfen und fein hacken.
Essig und Senf verrühren, dann tropfenweise das Öl unterschlagen. Mit etwas Salz abschmecken.
Den Spargel auf einer ovalen Platte anrichten und mit der Soße übergießen. Mit Eigelb und den Kräutern bestreuen.

Der Salat schmeckt zu kurzgebratenem dunklen Fleisch aller Art, zu gegrillten Scampi, gebratenen Hähnchenbrustfilets und zu Roastbeef.

Vorbereitungszeit:
ohne Zeit zum Abkühlen
25 Minuten.
Zubereitungszeit: 10 Minuten.

Bohnensalat auf italienische Art

Für diesen feinen Salat sollte man auch eine feine Bohnensorte wählen. Besonders gut geeignet sind die zarten Prinzeßböhnchen, eine besonders kleine Form der Busch- oder Stangenbohnen. Man kann aber auch die etwas größeren Delikateßbohnen oder die noch zarteren Keniabohnen verwenden.

500 g zarte grüne Bohnen,
Salz,
2 Stengel frisches oder getrocknetes Bohnenkraut,
4 Stengel frischer oder getrockneter Thymian,
1 Knoblauchzehe,
1 Schalotte,
4 Eßlöffel feinster Weinessig,
1 Prise Zucker,
weißer Pfeffer aus der Mühle,
6–7 Eßlöffel kaltgepreßtes Olivenöl (Jungfernöl),
75 g frischer Mozzarellakäse,
6 Stengel oder große Blätter Basilikum,
je 1 Eßlöffel Pinienkerne und gehackte Pistazien.

Die Bohnen putzen, waschen und abtropfen lassen.
Reichlich Wasser kräftig salzen, Bohnenkraut und Thymian hinzufügen und das Wasser zum Kochen bringen.
Die Bohnen einlegen und in 6–8 Minuten beliebig weich kochen. Dann auf einen Durchschlag geben, kalt abschrecken und abtropfen lassen.
Bohnenkraut und Thymian selbstverständlich entfernen.
Die Knoblauchzehe und die Schalotte schälen und fein hacken.
Den Weinessig mit etwas Salz, dem Zucker und nur wenig Pfeffer verrühren. Tropfenweise das Öl unterschlagen.
Die Bohnen mit Knoblauch, Schalotten und Soße vermischen. 10 Minuten ziehen lassen.
In der Zwischenzeit den Mozzarella fein würfeln.
Das Basilikum abspülen, trockentupfen und fein streifig schneiden oder hacken. Mit dem Käse unter den Salat heben.
Den Salat in eine Servierschale füllen und mit Pinien- und Pistazienkernen bestreut servieren.

Der Salat schmeckt gut zu gebratenem Hähnchen, gebratener Pute, zu gebratenen Putenteilen, Rinderschmorbraten, Roastbeef und gegrillten oder gebratenen ganzen Fischen.

Vorbereitungszeit:
20 Minuten.
Zubereitungszeit:
ohne Zeit zum Abkühlen und zum Durchziehen 15 Minuten.

Salat von Bohnenkernen

Hin und wieder bekommt man „geschälte" Bohnenkerne fertig beim Feinkosthändler zu kaufen. Meist aber muß man die zeitraubende Vorbereitung selbst übernehmen. Doch das zarte Endergebnis rechtfertigt die Mühe!

1000 g junge dicke Bohnen,
Salz,
4 Stengel Bohnenkraut,
4 Schalotten oder 2 kleine Zwiebeln,
1 kleine Möhre, 5 g Butter,
4 Eßlöffel trockener Weißwein,
4 Eßlöffel süße Sahne,
2 Eßlöffel Crème fraîche,
2 Eßlöffel Zitronensaft,
1 Messerspitze gemahlener Koriander,
1 kleiner Eichblattsalat,
½ Kästchen Kresse.

Die Bohnen auspalen. Reichlich Wasser kräftig salzen und mit dem Bohnenkraut zum Kochen bringen. Die Bohnenkerne einlegen und in etwa 6 Minuten halbweich kochen.
Auf einen Durchschlag geben, unter kaltem Wasser abschrecken, dann die harten Häute abstreifen. Die Bohnenkerne abkühlen lassen.
Nebenher die Schalotten oder Zwiebeln und die Möhre schälen, fein hacken und in der heißen Butter anbraten, mit dem Wein ablöschen, kurz aufkochen und abkühlen lassen.
Die Möhre in ganz feine Streifen (Juliennes) schneiden. Sahne, Crème fraîche, Zitronensaft und die Schalottenmischung verrühren. Mit Salz und Koriander abschmecken.
Den Eichblattsalat putzen, zerpflücken, die Blätter waschen, gründlich trockenschwenken und längs halbieren. Sternförmig auf einer Servierplatte anrichten.
Die Kresse abspülen und abtropfen lassen. Die Blättchen abschneiden, mit den Möhrenstreifen unter die Bohnenkerne mischen und diese bergartig auf dem Eichblattsalat anrichten. Mit der Soße übergießen.

Der Salat schmeckt zu allen zarten, hellen Braten, zu Lammkoteletts oder Lammrücken, zu pochierten oder gebratenen Fischfilets und Meerestieren.

Vorbereitungszeit:
25 Minuten.
Zubereitungszeit: 15 Minuten.

Paprikasalat

Paprika hat Europa sozusagen von zwei Seiten her erobert. Anfang des 16. Jahrhunderts brachten die Spanier die sogenannte ekuadorianische Form aus Mittel- und Südamerika mit nach Spanien, während fast zur gleichen Zeit die orientalische Form über die Türkei ihren Weg nach Ungarn fand.
Wie die Tomate war auch die Paprika zuerst nur als Zierstrauch für die Reichen von Interesse. Die Ungarn merkten jedoch bald, welche kulinarische Kostbarkeit sich da in schlichten Blumentöpfen tummelte, und züchteten sozusagen zweigleisig die Gewürz- und auch die Gemüsepaprika.
Bei Gemüsepaprika gibt es den Reifegraden entsprechend alle Farbschattierungen von Hellgrün über Gelb, Grün bis zum Rot. Diese Farben können jedoch auch sortentypisch sein! Inzwischen wurden in Holland auch Paprikasorten gezüchtet, die sich in leuchtendgelber oder fast dunkelvioletter Farbe präsentieren.
Die Schärfegrade der Schoten sind von der Sorte abhängig. Es gibt sehr kleine, sehr scharfe grüne und hellgelbe Schoten ebenso wie sehr milde in einer ähnlichen Farbe. Fast immer mild sind die vollfleischigen grünen und roten Schoten.
Die Schalen der meisten Gemüsepaprikasorten sind sehr hart und nicht für jeden verträglich. Darum sollte man Paprika für Salate immer vorher schälen.
Das geht am besten auf folgende Weise:
Die ungewaschenen Schoten in den auf 250 °C (Gas Stufe 5) vorgeheizten Backofen legen (oder unter den heißen Grill schieben) und so lange rösten, bis die Schale ganz schrumpelig und eventuell schon etwas braun ist bzw. Blasen wirft. Die Schoten dann mit einem feuchten Küchentuch bedecken und etwa 5 Minuten abkühlen lassen. Nun läßt sich die Haut mühelos abziehen.
Die Schoten dann aufschneiden oder aufbrechen. Stiele und die festen Samenbüschel herausziehen. Die Kerne mit einem Löffel ausschaben. Dabei über einem Teller arbeiten. Den Saft, der sich auf diese Weise gesammelt hat, durch ein Sieb gießen. Er kann später für die Soße mitverwendet werden.

Je 2 gleich große grüne, rote und gelbe Paprikaschoten,
2 große Knoblauchzehen,
½ Teelöffel Salz,
4 Pimentkörner,
6 schwarze Pfefferkörner,
3 Frühlingszwiebeln,
½ Bund glatte Petersilie,
6 Stengel frischer Thymian,
3 Eßlöffel Kräuteressig,
5 Eßlöffel kaltgepreßtes Olivenöl (Jungfernöl),
50 g weißer Schafskäse.

Die Paprikaschoten wie beschrieben vorbereiten, in etwa 2 cm breite Streifen schneiden und quer halbieren. Dann abwechselnd auf einer Platte anrichten.
Die Knoblauchzehen schälen und grob hacken. Zusammen mit dem Salz, den Piment- und Pfefferkörnern in einen Mörser geben und zu einer feinen Paste zerstoßen.
Die Frühlingszwiebeln schälen, die hellen Teile in dünne Ringe schneiden, das Zwiebelgrün in dünne, den Paprikaschoten in der Länge entsprechende Streifen schneiden. Beides auf den Paprikaschoten anrichten.
Die Petersilie und den Thymian abspülen und trockentupfen. Petersilie fein hacken, die Thymianblättchen von den Stielen zupfen.
Essig und Öl mit der Knoblauch-Gewürzpaste und dem Paprikasaft zu einer Soße verrühren und über die Paprikastreifen verteilen. Mit Petersilie bestreuen.
Den Schafskäse in dünnen, möglichst langen Streifen darüberreiben.

Der Salat schmeckt zu allen Fleisch- und Fischgerichten vom Holzkohlengrill und aus der Mittelmeerküche.

Vorbereitungszeit: 30 Minuten.
Zubereitungszeit: 10 Minuten.

Zucchini-salat

Diese zarten, auch Zucchette oder Courgettes genannten Gemüsekürbisse sind noch nicht lange in der deutschen Küche heimisch. Der steigende Verbrauch ist sicherlich auf die Reiselust der Deutschen und das damit verbundene Kennenlernen fremder Küchen zurückzuführen. Aber auch der Wunsch nach kalorienärmerer Kost mag die Vorliebe für dieses Gemüse gesteigert haben.
Zucchini sind sehr vitamin- und mineralstoffreich, in rohem Zustand jedoch fast ohne Geschmack. Auch gekocht entwickeln sie nur wenig Eigenaroma, passen sich darum sehr gut anderen Zutaten an, die man jedoch so wählen sollte, daß sie nicht zu dominierend sind.

600 g Zucchini,
Saft von 1 Zitrone,
8 Eßlöffel kaltgepreßtes Olivenöl (Jungfernöl),
1 Lorbeerblatt,
1 Teelöffel Korianderkörner,
1 Teelöffel schwarze Pfefferkörner, Salz,
2 Frühlingszwiebeln,
2 Knoblauchzehen,
10 Stengel oder 10 große Blätter Basilikum,
2 Stengel Estragon,
2 Eßlöffel Weinessig,
1 Prise Zucker.

Die Zucchini unter fließendem kalten Wasser abbürsten.
In etwa 1 cm dicke Scheiben schneiden und dabei Blüten- und Stengelansätze entfernen.
¼ l Wasser mit dem Zitronensaft, 4 Eßlöffeln Öl, dem Lorbeerblatt, den Koriander- und Pfefferkörnern und reichlich Salz aufkochen. Die Zucchinischeiben einlegen und etwa 3 Minuten kochen.
Die Zucchini in einem Durchschlag abtropfen lassen, dabei die Brühe auffangen. Die Zucchini abkühlen lassen.
In der Zwischenzeit die Frühlingszwiebeln putzen und in dünne Ringe schneiden.
Die Knoblauchzehen schälen und fein hacken.

Basilikum und Estragon abspülen, trockentupfen und die Blättchen grob hacken.
Das restliche Öl mit dem Essig verrühren. Mit Salz und Zucker abschmecken und nach Belieben noch etwas Kochsud hinzufügen.
Die Zucchinischeiben mit Zwiebelringen, Knoblauch und der Soße vermengen, in eine Servierschale füllen und mit den Kräutern bestreuen.

Der Salat schmeckt zu gebratenem Hähnchen und zu Grillfleisch aller Art.

Vorbereitungszeit:
15 Minuten.
Zubereitungszeit:
ohne Zeit zum Abkühlen
15 Minuten.

Variationen: Statt in Brühe kann man die Zucchinischeiben auch in Öl garen. Dazu reichlich Olivenöl in einer Pfanne erhitzen, die Scheiben portionsweise so hineinlegen, daß sie sich nicht überlappen. Auf jeder Seite so lange braten, bis sie glasig, aber nicht braun sind. Dann herausnehmen und zum Abfetten und Abkühlen auf eine dicke Lage Haushaltspapier legen. Auf diese Weise werden die Zucchini besonders schmackhaft, durch das Öl aber sehr kalorienreich.

Kalorienarm ist folgende Methode: Die gewaschenen Zucchini roh grob raspeln, dann wie beschrieben zubereiten. Dann kann man noch einige schwarze Oliven an den Salat geben.

Zucchinisalat mit Sahnesoße

Die vorgekochten oder vorgebratenen Zucchini mit einer Soße aus je 4 Eßlöffeln Crème fraîche und süßer Sahne und 2 Eßlöffeln Kräuteressig anmachen. Mit reichlich Pfeffer abschmecken und mit gehacktem Dill bestreuen. Nach Belieben noch ½ feingewürfelte rote Paprikaschote untermischen.

Dieser Salat schmeckt zu gebratenem oder pochiertem Fischfilet und zu Rinderschmorbraten.

Wenn man den Salat zu einem Braten von Schweinefilet oder Kalbsrücken reichen will, kann man noch 50 g fein zerpflückten Thunfisch und 1 Eßlöffel kleine Kapern untermischen.

Welches Kraut paßt zu welchen Salatgrundzutaten

Zitronenmelisse und Minze: An Gurken, Tomaten, feine Fischsorten, Spargel, helles Fleisch, süße und pikante Obstsalate

Kerbel: Gleiche Anwendung wie Gartenkresse, außerdem zu Eiern, hellen Fleisch- und feinen Fischsorten, Reis und bedingt Kartoffeln

Ysop: An zarte grüne Salate, Bohnen- und Gurkensalat

Blattsellerie: Zu Kartoffel- und deftigen Gemüsesalaten

Thymian: Zu grünen Bohnen, Tomaten, Auberginen, Zucchini, Reis, Nudeln, dunklem Fleisch, deftigem Fisch, Meeresfrüchten aus der Mittelmeerküche

Sauerampfer: Zu hellen und dunklen Fleischsorten, Fisch aller Art, Meeresfrüchten, Tomaten, Gurken

Pimpinelle: An zarte Grünsalate, Tomaten, Gurken

Schnittlauch: Zu allen Frischsalaten (außer Radicchio), Fischen und Meeresfrüchten, deftigen Fleischsorten, Kartoffeln

Rosmarin: Nur bedingt zu kräftigen Fischsorten

Estragon: Nur in geringen Mengen für Kartoffel- und deftige Gemüsesalate

Salbei: In ganz geringen Mengen an Fleischsalate der Mittelmeerküche

Liebstöckel: In ganz geringen Mengen an zarte Gemüsesalate
Dill: Gleiche Verwendung wie Fenchel, außerdem zu Eiern
Petersilie: Für Salate aller Art – glatte Petersilie ist feiner im Geschmack, krause wird häufig nur als Dekoration verwendet
Majoran: Für deftige Gemüse- und Fleischsalate
Minze: siehe Melisse
Borretsch: (Blüten und Blätter) an Gurken, Zucchini, weißen Kürbis, Römischen Salat, Weißkraut, Chinakohl, Kohlrabi, kräftige Fisch- und Fleischsorten
Garten- oder Zuchtkresse: An feine Fischsorten, alle grünen Salate. Besonders gut in Kombination mit Dressings aus Crème fraîche, Joghurt, Sauerrahm und Frischkäse
Bohnenkraut: Blätter und Blüten an Bohnen- und Kartoffelsalat
Basilikum: An Tomaten, Käse, Eier, Nudeln, Reis, helles Fleisch, kräftige Fischsorten

Essig und Öl für die Feinschmecker-küche

Ein guter Salat basiert auf drei Voraussetzungen:
1. Phantasie
2. erstklassigen Grundzutaten
3. der richtigen Würze.
Punkt 1 und 2 setzen wir als selbstverständliche Gegebenheiten voraus. Bei Punkt 3 ist außer dem Salz die Säure das allerwichtigste. Ein Salat ohne Säure wäre wie ein Orchester ohne Dirigent – ein harmonisches Zusammenspiel käme nicht zustande.
Zum Glück sind die Zeiten der traurigen Essig- oder Zitronensaftmischungen vorbei. Denn auch in der Salatküche hat es so etwas wie eine Revolution der Feinschmecker gegeben. Und die haben sich schon lange nach den in Frankreich oder Italien selbstverständlichen Köstlichkeiten als Sortiment auch im deutschen Handel gesehnt. Beharrliche Nachfrage hat zum Ziel geführt: Heute sind es keineswegs mehr nur die teuren Delikatessengeschäfte, die mit einem umfangreichen Angebot von feinstem Essig und Ölen der besten Qualität aufwarten.
Auch im Supermarkt kann man inzwischen schon Sherry- oder Himbeeressig finden, kaltgepreßtes Olivenöl, Traubenkern- und Distelöl.
Sherryessig steht bei den gehobeneren Essigsorten in der Beliebtheitsskala auf dem Platz Nr. 1. Er wird der Qualität der Grundweine entsprechend zu unterschiedlichen Preisen angeboten.
Für die ganz feinen Salate sollte man **Himbeeressig** wählen oder einen anderen auf Fruchtbasis beruhenden, wie **Cassisessig** oder den noch feineren **Erdbeeressig.**
Aber auch die „schlichteren" Sorten der gehobenen Klasse gereichen jedem Salat zur Ehre: **Zitronenessig, Kräuteressig, Estragon-, Schalotten-** oder **Knoblauchessig.**
Wichtig ist eben nur, daß sie auch wirklich aus erstklassigem Grundessig bestehen – und das kann nur ein echter Weinessig sein. Das gleiche gilt für **Rotweinessig.**
Und wer sich das Feinste vom Feinen gönnen will, greift zu dem König der Essige, dem **Balsamessig** aus Italien: „Aceto balsamico". Er ist durch eine jahrelange Lagerung in Eichenfässern von tiefbrauner Farbe und einer dickflüssigen Konsistenz, von unvergleichlich süßsäuerlichem Geschmack und wird meist nur tropfenweise verwendet – ist aber leider verhältnismäßig teuer.
Wer schon für Essig tief in die Tasche greift, darf beim Öl

nicht knauserig sein. Denn natürlich hat auch hier Qualität ihren Preis, der sich aber beim Genuß dann voll und ganz auszahlt.
An erster Stelle sollte hier das **Olivenöl** genannt werden, das viele Jahre lang bei uns den denkbar schlechtesten Ruf genoß, woran auch die Begegnungen mit regionalen Mittelmeerküchen wenig ändern konnten, wenn man dort schlechtes Olivenöl genossen bzw. nicht genossen hatte.
Beim Olivenöl gibt es ganz erhebliche Qualitätsunterschiede, die allerdings nur bedingt auf die Anbaugebiete zurückzuführen sind. Vielmehr liegt es daran, daß die Olive mehrfach ausgepreßt wird und jedesmal ein minderwertigeres Produkt liefert. Die erste, kalte Pressung, mit dem sogenannten *Jungfernöl* ergibt, ein Produkt von absoluter Reinheit. Dieses Öl, das die Franzosen „huile vierge", die Spanier „aceite virgen" und die Italiener „olio vergine" nennen, gehört zu den wertvollsten Fetten, die uns zur Verfügung stehen. Darüber hinaus hat das Jungfernöl ein zartes, nußartiges Aroma. Ganz feine Geschmacksnuancen und auch Farbunterschiede ergeben sich aus den jeweiligen Anbaugebieten. Da sollte jeder Feinschmecker selber herausfinden, welches Olivenöl er bevorzugt, ob das feine, zarte aus der Toskana, das tiefgrüne aus den Gegenden rund um Rom, das kräftige aus Andalusien oder aus Südfrankreich.
Obgleich das Olivenöl bei uns immer mehr Anhänger findet, werden in erster Linie geschmacksneutrale Öle, wie **Sojaöl, Weizen-** oder **Maiskeimöl** bevorzugt.
Den Feinschmecker aber zieht es mehr zu den Regalen, in denen sich Öle mit ausgeprägterem Geschmack und Aroma befinden: **Sesam-, Mandel-, Walnuß-** oder **Haselnußöl,** die ihre guten Eigenschaften auch in einer Salatsoße nicht verleugnen.
Distelöl findet man insbesondere in Naturläden, weil es in erster Linie als besonders gesund gilt. Daß es sich wegen seines fast neutralen Geschmacks auch für die Salatküche hervorragend eignet, beginnt sich erst langsam herumzusprechen. Ähnlich geht es dem **Traubenkernöl,** das bei den Franzosen in einfacher Form in die Alltagsküche gehört. Auch hier gibt es große Qualitätsunterschiede. Am besten ist das kaltgepreßte, das eine tiefgrüne Farbe hat und von vielen Restaurants der gehobenen Küche als unerläßlich gerade für Kräuterdressings betrachtet wird.

Augenschmaus und Gaumenfreude

Ohne die appetitanregenden, auf die kommenden Genüsse einstimmenden Vorspeisen ist das festliche Menü nicht denkbar.

Gourmetsalat
(für 6 Personen)

150 g geschälte frische
oder tiefgekühlte Scampi,
1 gekochtes oder gegrilltes
Hähnchenbrustfilet
(etwa 150 g),
3 Kiwis,
1 Sharonkaki,
1 kleiner Batavia-
oder Eichblattsalat,
½ krause Endivie,
½ Kopfsalat,
2 kleine Radicchioköpfe,
2 Schalotten,
100 g frische Champignons,
1 Avocado,
2 Eßlöffel Zitronensaft,
4 Eßlöffel Sherry-
oder Himbeeressig,
1 Becher Crème fraîche
ohne Bindemittel (200 g),
3 Eßlöffel feinstes Salatöl
(kaltgepreßtes Olivenöl,
Walnuß- oder Traubenkernöl),
2 cl Weinbrand oder Cognac,
Salz,
weißer Pfeffer aus der Mühle,
1 Prise Zucker,
6 Wachteleier aus dem Glas.

Die Scampi (tiefgekühlte vorher auftauen lassen) kurz kalt abspülen, gut abtropfen lassen und bis zur Verwendung auf Haushaltspapier ausbreiten.
Das Hähnchenbrustfilet von der Haut befreien, längs halbieren und schräg zur Faser in etwa 5 mm dicke Scheiben schneiden.
Die Kiwis schälen, die Kaki waschen, abtrocknen und halbieren. Die Kiwis in etwa 5 mm dicke, die Kakihälften in etwa 2 mm dicke Scheiben schneiden.
Alle vier Salatsorten putzen, zerpflücken, waschen und gründlich trockenschleudern. Nur große Blätter längs oder quer halbieren.
Die Schalotten schälen und ganz fein hacken.
Die Champignons putzen und in einem sauberen Küchentuch abreiben.
Die Avocado schälen, halbieren, entsteinen und ebenso wie die Champignons in dünne Scheiben schneiden. Beide rasch mit Zitronensaft vermischen, damit sie sich nicht verfärben.
Alle Blattsalate mit je der Hälfte der Scampi und der Hähnchenbrustscheiben, den Kiwi-, Kaki-, Champignon- und Avocadoscheiben vermischen. Mit den Schalotten bestreuen und mit 2 Eßlöffel Essig beträufeln.

Die Crème fraîche mit dem restlichen Essig, dem Öl und dem Weinbrand oder Cognac schaumig rühren. Mit Salz, Pfeffer und Zucker abschmekken.
Den Salat mit den restlichen Scampi, Hähnchenbrustscheiben und den abgetropften, halbierten Wachteleiern garnieren. Die Soße in die Mitte geben. Erst bei Tisch alles mischen.

Den Salat mit frischem Stangenweißbrot oder Walnußbrot als Vorspeise reichen. Dazu schmeckt ein kräftiger, trockener Ruländer, Müller-Thurgau oder Riesling.

Vorbereitungszeit: etwa 20 Minuten.
Zubereitungszeit: etwa 10 Minuten.

Tips: Champignons kann man mit einem Eierschneider in besonders gleichmäßige Scheiben schneiden, allerdings dürfen die Pilze dann nicht zu klein sein.
Die beiden anderen Hälften der Endivie und des Kopfsalats geben Sie in einen großen Frischhaltebeutel, legen ein Stück nasses Haushaltspapier mit hinein, schließen den Beutel und legen ihn in den Kühlschrank. Am nächsten Tag können Sie daraus einen einfachen Beilagensalat (siehe Seite 10) bereiten.

Danicheffsalat

200 g Knollensellerie,
½ l milde Fleischbrühe,
1 Eßlöffel Essig,
1 Teelöffel Zucker,
250 g möglichst kleine,
längliche Kartoffeln,
Salz,
125 g große weiße
Champignons,
1 Eßlöffel Zitronensaft,
8 Artischockenböden
aus dem Glas,
125 g weiße Spargelköpfe
aus der Dose,
16 frische oder tiefgekühlte
Scampi (etwa 200 g),
150 g Delikateßmayonnaise
(oder selbstgemachte),
3 Eßlöffel süße Sahne,
weißer Pfeffer aus der Mühle,
2 hartgekochte Eier,
¼ Kästchen Kresse.

Den Sellerie unter fließendem Wasser abbürsten, schälen und in dünne Scheiben schneiden.
Die Fleischbrühe mit Essig und Zucker aufkochen und den Sellerie darin in etwa 10 Minuten nicht ganz weich kochen.
Nebenher die gewaschenen Kartoffeln schälen und in etwa 5 mm dicke Scheiben schneiden.
Reichlich Salzwasser sprudelnd aufkochen und die Kartoffelscheiben darin etwa 5 Minuten blanchieren, in einen Durchschlag gießen, kalt abschrecken und abtropfen lassen. Die Selleriescheiben ebenfalls abtropfen lassen, dann vierteln.
Die Champignons putzen, mit einem Küchentuch abreiben und die Stiele aus den Köpfen drehen. Stiele und Köpfe in hauchdünne Streifen schneiden und rasch mit dem Zitronensaft vermischen.
Die Artischockenböden und Spargelköpfe abtropfen lassen. Die Artischockenböden ebenfalls in dünne Streifen schneiden.
Die Scampi (tiefgekühlte müssen zuvor aufgetaut sein) in ein Sieb geben, kurz kalt abspülen, abtropfen lassen, auf einer dicken Lage Haushaltspapier ausbreiten und vorsichtig trockentupfen.
Die Mayonnaise mit der Sahne verrühren und mit Pfeffer abschmecken.
Alle vorbereiteten Salatzutaten, außer den Scampi, mit der Mayonnaise vermischen und bergartig in einer Schüssel anrichten.
Die Eier schälen und achteln. Den Salat mit Eiachteln und Scampi garnieren.
Die Kresse abspülen, trockentupfen, die Blättchen abschneiden und als Sträußchen in die Mitte des Salats setzen.

Zu dem Salat dünne, geröstete Baguettescheiben und einen trockenen Weißwein (z. B. Weißburgunder oder Ruländer) reichen.

Vorbereitungszeit:
ohne Zeit zum Abkühlen 35 Minuten.
Zubereitungszeit: 10 Minuten.

Danicheffsalat stammt aus der sogenannten klassischen Küche und wird im Original mit Krebsschwänzen und Trüffelscheibchen garniert. Man kann also die Kresse durch Trüffeln aus der Dose (etwa 25 g) ersetzen.
Wer statt der Scampi „korrekt“ Krebse an den Salat geben möchte, sollte frische Flußkrebse verwenden. Sie schmecken am besten in den Monaten ohne „r“, also von Mai bis August, sind aber oft noch bis Februar zu haben. Sie werden gründlich unter fließendem Wasser gebürstet. Dann werden sie mit dem Kopf voran in sprudelnd kochendes Salzwasser gegeben und zugedeckt 8–10 Minuten gekocht. Nach dem Abkühlen bricht man das Schwanzfleisch aus der Schale. Die übrigen Teile sind nicht verwendbar.
Sehr gut schmecken aber auch Garnelen oder Langostinos an dem Salat.

Waldorfsalat

100 g Walnußkerne,
2 säuerliche Äpfel
(z. B. Boskop),
Saft von 1 Zitrone,
250 g Knollensellerie,
10 cl süße Sahne,
80 g Delikateßmayonnaise,
Salz, weißer Pfeffer
aus der Mühle,
1 Prise Zucker,
einige Salatblätter
zum Garnieren.

Von den Walnußkernen einige schöne Hälften zum Garnieren zurücklegen, den Rest hacken.
Die Äpfel schälen, vierteln, entkernen, von Blüten- und Stengelansätzen befreien und mit der Rohkostreibe der Küchenmaschine in lange, dünne Streifen reiben. Oder mit einem scharfen Messer in etwa 5 mm dicke und 3 cm lange Streifen schneiden. Rasch mit dem Zitronensaft in einer Schüssel vermischen.
Den Sellerie gründlich unter kaltem Wasser abbürsten, abtropfen lassen, vierteln und schälen. Dann ebenso wie die Äpfel zubereiten. Rasch mit den Äpfeln und dem Zitronensaft vermischen, damit auch der Sellerie sich nicht dunkel verfärbt.
Die Sahne steif schlagen, dann nach und nach die Mayonnaise hinzufügen, so daß eine glatte, cremige Soße entsteht. Mit Salz, Pfeffer und Zucker abschmecken.
Soße, Äpfel, Sellerie und die gehackten Nüsse vermischen. Den Salat zugedeckt 20 Minuten im Kühlschrank durchziehen lassen und noch einmal abschmecken.
Mit den gewaschenen, trockengeschwenkten Salatblättern 4 Servierschalen auslegen, den Salat bergartig darauf anrichten und mit den Walnußhälften garnieren.
Dazu frisch geröstete Weißbrotscheiben und als Getränk einen trockenen Sherry (Fino) servieren.

Vorbereitungszeit:
25 Minuten.
Zubereitungszeit:
ohne Zeit zum Durchziehen
10 Minuten.

Variationen: Bei besonders festlichen Anlässen sollte man den Salat in ausgehöhlten Äpfeln anrichten. Dann werden sowohl Apfelfruchtfleisch als auch Sellerie in kleine Würfel geschnitten.
Als Garnitur außer den Walnüssen noch einige Belegkirschen und jeweils ½ Orangenscheibe verwenden.
Waldorfsalat schmeckt besonders fruchtig, wenn man die Äpfel zum Teil durch frische Ananaswürfel ersetzt.
Auch kann man den Salat statt mit der Mayonnaise-Sahne-Soße nur mit Schlagsahne anmachen, dann ist der Salat besonders leicht und locker. Die Sahne mit etwas Orangenlikör verfeinern.

Mein Tip: Wem der Geschmack des rohen Sellerie zu streng ist, kocht die ungeschälte Knolle etwa 10 Minuten in schwach gesalzenem, mit etwas Zitronensaft oder Essig gewürztem Wasser. Dann rasch unter kaltem Wasser abschrecken und schälen. Den Sellerie anschließend wie beschrieben weiterverarbeiten.
Waldorfsalat ist eine der bekanntesten Vorspeisen der internationalen Gastronomie. Vermutlich wurde er in dem berühmtem New Yorker Hotel Waldorf-Astoria kreiert, dessen Köche viele, inzwischen weltberühmte Gerichte „erfanden“. Waldorfsalat wird auch häufig, in Pfirsichhälften gefüllt, als Garnierung bei großen Wildbraten verwendet. Oder man gibt ihn in pochierte Williams-Christ-Birnenhälften und serviert ihn zum Käse. Auch dann sollte man dazu einen Sherry reichen, allerdings einen halbtrockenen Oloroso oder Amontillado.

Zwiebelsalat mit Ananas und Orangen

4 große Zwiebeln,
1/8 l kräftig gewürzte Fleischbrühe,
5 cl trockener Weißwein,
1/2 frische Ananas, (etwa 400 g),
4 kleine Orangen (am besten Blutorangen),
2 Stengel Zitronenmelisse,
grob geschroteter schwarzer Pfeffer,
50 g Delikateßmayonnaise,
abgeriebene Schale und Saft von 1 unbehandelten Zitrone,
3 Eßlöffel Walnuß- oder Traubenkernöl,
Salz, 1 Prise Cayennepfeffer,
1 Prise Zucker.

Die Zwiebeln schälen und in hauchdünne Scheiben schneiden.
Fleischbrühe und Wein zum Kochen bringen und die Zwiebeln darin 30 Sekunden blanchieren.
Mit einem Schaumlöffel herausnehmen, rasch in Eiswasser abschrecken, gründlich abtropfen lassen und auf einer dicken Lage Haushaltspapier ausbreiten.
Die Ananas großzügig schälen. Die „Augen" mit einem scharfen Messer herausschneiden. Das Fruchtfleisch längs achteln, von dem harten Innenkern befreien und in 5 mm dicke Schnitze teilen.
Die Orangen schälen, dabei auch die weißen Innenhäute entfernen. Die Früchte dann quer in dünne Scheiben schneiden und dabei, wenn nötig, entkernen.
Zitronenmelisse abspülen, trockentupfen und die Blättchen fein streifig schneiden.
Die Orangenscheiben auf einer Servierplatte oder 4 Portionstellern blütenblattartig anrichten. Die Zwiebelringe in die Mitte häufen. Beides mit Pfeffer bestreuen. Die Ananaswürfel auf die Zwiebeln geben.
Die Mayonnaise mit Zitronensaft und -schale und dem Öl verrühren. Mit Salz und Cayennepfeffer abschmekken, eventuell etwas Zucker hinzufügen.
Die Soße über den Salat gießen, jedoch nicht untermischen.
Mit Melisseblättchen bestreuen.

Dieser kräftig-fruchtige Salat schmeckt vor Wildgerichten aller Art. Er kann aber auch mit einer Aufschnittplatte oder kaltem Roastbeef als Hauptmahlzeit gereicht werden.

Vorbereitungszeit: 25 Minuten.
Zubereitungszeit: 10 Minuten.

Variation: Aus dem Orient stammt eine auch in Italien gerne als Vorspeise oder Beilage zu Wildgerichten gereichte fruchtigere Variante. Dazu werden 6 kleine, saftige Orangen geschält, von der pelzigen Innenhaut befreit und quer in dünne Scheiben geschnitten. Eventuell vorhandene Kerne entfernen. Die Scheiben auf einer Platte anrichten.
1 Zwiebel und – wenn vorhanden – etwas Zwiebelgrün hacken und über die Orangenscheiben streuen.
100 g schwarze Oliven entsteinen und ebenfalls über die Orangen geben.
Den Salat mit etwas Zitronensaft beträufeln, mit wenig Salz bestreuen und reichlich schwarzen oder weißen Pfeffer aus der Mühle darübermahlen.
Zum Schluß 3–4 Eßlöffel kaltgepreßtes Oliven- oder Traubenkernöl darüberträufeln. Den Salat mit Folie bedeckt vor dem Servieren 30 Minuten in den Kühlschrank stellen.

Chayotensalat mit Knoblauch

Die Chayote ist ein kleiner, aus Brasilien stammender Kürbis, der gekocht, geschmort oder roh gegessen werden kann.

- 2 Chayoten (je etwa 400 g),
- Salz, 1 Lorbeerblatt,
- 4 Thymianzweige,
- 2 Schalotten oder kleine Zwiebeln,
- 2 Knoblauchzehen,
- 4 Eßlöffel kaltgepreßtes Olivenöl (Jungfernöl),
- 6 Eßlöffel süße Sahne,
- 2 Eßlöffel Kräuteressig,
- schwarzer Pfeffer aus der Mühle,
- 1 rote und 1 gelbe Paprikaschote,
- ½ Bund glatte Petersilie.

Die Chayoten, nur wenn die Haut ledern wirkt, schälen, sonst unter fließendem Wasser gründlich abbürsten, längs halbieren, dann jede Hälfte längs in 3 Stücke schneiden und diese würfeln. Dabei eventuell den harten Innenteil entfernen.
1 l Wasser mit reichlich Salz würzen, Lorbeerblatt und Thymian hinzufügen und die Chayotenwürfel darin 5 Minuten kochen. Mit einem Schaumlöffel herausnehmen und abtropfen lassen.
Die Schalotten (oder Zwiebeln) und Knoblauchzehen schälen. Schalotten ganz fein hacken, Knoblauch mit etwas Salz zu einer Paste zerdrücken. Das Öl in einem kleinen Stieltopf erhitzen und Schalotten und Knoblauch darin glasig dünsten.
Die Sahne und den Essig unter Rühren hinzufügen. Alles zu einer sämigen Soße einkochen und diese mit Salz und Pfeffer kräftig würzen.
Nebenher die Paprikaschoten waschen, halbieren, von Samensträngen und Stengelansätzen befreien und sehr fein würfeln. Die Petersilie abspülen, trockenschwenken und fein hacken.
Chayotenwürfel mit den Paprikawürfeln und der noch warmen Soße vermischen und rasch servieren. Dazu frisch geröstete Baguettescheiben reichen.

Vorbereitungszeit:
20 Minuten.
Zubereitungszeit:
10 Minuten.

Variationen: Auf diese gleiche Art und Weise lassen sich alle Gemüsekürbissorten zubereiten, ganz besonders gut geeignet sind Zucchini, der weiße Custard Marrow und der milde Eierkürbis.
Der Custard Marrow ist so dünnhäutig, daß er nicht geschält werden muß. Er schmeckt aber besonders gut, wenn er vor der Zubereitung kurz in etwas Öl oder Butter angeschmort wird.
Alle erwähnten Kürbissorten können auch als Rohkost serviert werden. Dann sollte man sie entweder ganz fein würfeln oder grob raspeln.
Statt der oben erwähnten Knoblauchsoße schmecken sie auch mit einer Kräutervinaigrette, für die man reichlich frische Kräuter der Saison und 1 Knoblauchzehe im Mixer ganz fein püriert und anschließend mit beliebig viel Essig und Öl vermischt. Die Soße kräftig würzen, weil alle Kürbisse sehr wenig Eigengeschmack haben.

Trauben-Maronen-Salat

400 g Eßkastanien (Maronen),
1/8 l reiner Traubensaft,
1/8 l trockener Weißwein,
200 g blaue Weintrauben,
200 g helle Weintrauben,
1/8 l süße Sahne,
1/2 Teelöffel englisches Senfpulver,
1 Eßlöffel Himbeer- oder Sherryessig,
1 Eßlöffel Walnuß- oder Haselnußöl,
1 Prise Salz,
1/2 Bund Kerbel.

Die Maronen an den Spitzen über Kreuz einritzen, dabei das Fruchtfleisch möglichst nicht verletzten. Die Maronen auf ein Backblech geben und in dem auf 200 °C (Gas Stufe 3) vorgeheizten Backofen so lange rösten, bis sich die Schalenspitzen nach außen gebogen haben. Das dauert etwa 20–25 Minuten.
Die Maronen dann schälen, dabei auch die pelzige Innenhaut gründlich entfernen.
Traubensaft und Wein mischen und die noch warmen Maronen damit übergießen. Zugedeckt an einem kühlen Ort mindestens 6 Stunden, besser jedoch über Nacht durchziehen lassen.

Die Weintrauben waschen und gründlich abtropfen lassen. Die Beeren von den Stielen zupfen, halbieren und entkernen.
Die Sahne halbsteif schlagen. Das Senfpulver in dem Essig auflösen. Die Mischung dann zusammen mit dem Öl unter die Sahne schlagen. Mit Salz abschmecken.
Die Maronen abgießen. Nach Belieben noch etwas Flüssigkeit unter die Soße rühren. Maronen und Weinbeeren mit der Soße vermischen.
Den Kerbel abspülen, trockentupfen und entweder nur in einzelne Blättchen zerzupfen oder grob hacken. Den Kerbel über den Salat streuen.

Dazu kleine Cocktailbrötchen und einen halbtrockenen Riesling reichen.

Vorbereitungszeit:
ohne Zeit zum Rösten und Durchziehen 35 Minuten.
Zubereitungszeit:
10 Minuten.

Variationen: Die Maronen und die Weintrauben nur mit der Traubensaft-Wein-Mischung, etwas Zitronensaft und nach Belieben Salz und Pfeffer würzen. Dann mit frischem Schnittlauch oder Basilikum bestreuen und ein Schälchen mit Crème fraîche extra dazu reichen, so daß sich jeder seinen Salat nach Belieben selbst mischen kann.
Die Trauben statt der Maronen mit frischen, geschälten Walnußkernen mischen. Dann sind für 4 Personen jedoch 200 g Walnußkerne ausreichend.

Mein Tip: Besonders delikat (und auch bekömmlich) wird der Salat, wenn man die Weinbeeren schält. Das macht zwar einige Mühe, hebt aber den Geschmack ungemein.
Dazu die Beeren einzeln auf Holzstäbchen stecken, kurz in kochendes Wasser tauchen, rasch kalt abschrecken und mit einem kleinen, spitzen Messer die Haut abziehen. Wenn Sie kernlose Weintrauben bekommen können, sieht der Salat attraktiver aus, weil die einzelnen Beeren dann nicht halbiert werden müssen.

Übrigens schmeckt der Salat (in der halben Menge) auch sehr gut als Beilage zu feinen Wildgerichten, wie Rehrücken, Hirschkalbssteak oder Wildschweinfilet.

Avocado-Langusten-Cocktail

2 Langustenschwänze
(je etwa 200 g),
1/4 l trockener Weißwein,
1/4 l Wasser,
1/2 unbehandelte Zitrone,
1/2 Bund Dill,
1/2 Teelöffel
grüne Pfefferkörner,
2 unbehandelte Limetten,
2 Avocados,
1 rosa Grapefruit,
125 g Litschis (aus der Dose),
125 g TK-Himbeeren,
4 Eßlöffel Himbeeressig,
1 Eßlöffel Himbeergeist,
1 Teelöffel Zucker,
15 ml süße Sahne,
Salz, Cayennepfeffer.

Die Langustenschwänze kurz unter kaltem Wasser abspülen.
Den Wein mit dem Wasser in einem Topf mischen.
Die Zitrone in Scheiben schneiden, den Dill abspülen und trockenschwenken.
Beides zusammen mit den Pfefferkörnern ebenfalls in den Topf geben und alles sprudelnd aufkochen lassen.
Dann neben dem Herd noch 8 Minuten ziehen lassen.
Mit einem Schaumlöffel aus dem Sud heben, abtropfen lassen und das Fleisch aus den Schalen brechen.
Eine Limette unter fließendem Wasser abbürsten, abtrocknen und in Scheiben schneiden. Die zweite Limette auspressen.
Die Avocados schälen, längs halbieren und die Kerne herauslösen. Das Fruchtfleisch längs in dünne Scheiben schneiden und sternförmig auf einer großen Servierplatte anrichten. Sofort mit dem Limettensaft beträufeln, damit sich das Fruchtfleisch nicht verfärbt. Darauf die Limettenscheiben anrichten.
Die Grapefruit schälen und die pelzige Innenhaut abziehen. Die Fruchtfilets mit einem scharfen Messer aus den dünnen Häutchen lösen und einmal quer durchschneiden.
Die Litschis abtropfen lassen und mit den Grapefruitstücken mischen. In die Mitte der Platte geben.
Das Langustenfleisch in etwa 5 mm dicke Scheiben schneiden und darum herum anordnen.
Die aufgetauten Himbeeren mit Himbeeressig, Himbeergeist, Zucker und Sahne im Mixer zu einer cremigen Soße verrühren.
Mit Salz und Cayennepfeffer abschmecken und über den Salat gießen, jedoch nicht untermischen.
Dazu ofenfrische Baguette, gesalzene Butter und trockenen Sekt oder trockenen Weißwein (Riesling, Müller-Thurgau) servieren.

Vorbereitungszeit:
25 Minuten
Zubereitungszeit: 20 Minuten

Papaya-Mango-Salat

2 Putenschnitzel
(je etwa 180 g), Salz,
weißer Pfeffer aus der Mühle,
Currypulver,
20 g Butterschmalz,
1 Mangofrucht,
1 Papaya,
1 unbehandelte Orange,
1 unbehandelte Limette,
1 Teelöffel Kräutersenf,
1 kleiner Becher
Crème fraîche (100 g),
50 g grob gehackte
Pistazienkerne,
grob geschroteter
bunter Pfeffer.

Die Putenschnitzel mit Salz, Pfeffer und Curry einreiben.
Das Butterschmalz in einer Pfanne erhitzen. Die Schnitzel darin auf jeder Seite 3 Minuten braten, dann abkühlen lassen.
Die Mangofrucht schälen, dazu die Haut spaltenweise einritzen und abziehen. Das Fruchtfleisch mit einem scharfen Messer in Spalten vom Kern lösen.
Die Papaya halbieren und mit einem Löffel die Kerne entfernen. Die Frucht dann längs vierteln, schälen und würfeln.
Orange und Limette unter fließendem Wasser gründlich abbürsten, abtrocknen und von der halben Orange die Schale abreiben. Von der Limette die Schale mit einem Juliennekratzer abschaben.
Die Limette halbieren und von jeder Hälfte zwei hauchdünne Scheiben abschneiden.
Die Fruchthälften dann ebenso wie die Orange auspressen.
Das Putenfleisch schräg zur Faser in dünne Streifen

schneiden. Mit den Papayawürfeln vermischen.
Die Mangostücke auf einer flachen Servierschale anrichten. Mit der Orangenschale bestreuen.
In die Mitte die Papaya-Putenfleisch-Mischung geben.
Orangen- und Limettensaft mit Senf und Crème fraîche verrühren.
Mit Salz abschmecken.
Über den Salat gießen. Mit Pistazien, Limettenschale und beliebig viel Pfeffer bestreuen.
Mit Limettenscheiben garnieren. Dazu frisch geröstetes Toastbrot reichen.
Mango verträgt sich schlecht mit Alkohol, darum auf ein alkoholisches Getränk zu dem Salat verzichten.

Vorbereitungszeit:
40 Minuten
Zubereitungszeit: 10 Minuten

Feldsalat mit Geflügelleber

200 g großblättriger Feldsalat,
die hellen Innenblätter
eines Friséesalats,
300 g frische Geflügelleber
(Hühner-, Puten-
oder Entenleber),
15 g Butter,
weißer Pfeffer aus der Mühle,
1 kräftige Prise Pasteten-
gewürz (Fertigmischung),
Salz,
4 cl trockener Sherry (Fino),
3 Eßlöffel süße Sahne,
2 Schalotten,
½ Knoblauchzehe,
1 kleiner Becher
Crème fraîche (100 g),
2 Eßlöffel kaltgepreßtes
Olivenöl (Jungfernöl)
oder Walnußöl,
1 Eßlöffel Sherryessig.

Den Feldsalat putzen und mehrmals gründlich waschen. Zum Abtropfen in einen Durchschlag geben.
Die Friséeblättchen waschen, trockenschleudern und in mundgerechte Stücke zupfen. Beiseite stellen.
Die Leber unter fließendem Wasser abspülen, mit Haushaltspapier abtupfen, von Sehnen und Röhren befreien und in mundgerechte Würfel schneiden.
Die Butter in einer Pfanne erhitzen und die Leberstücke darin rundherum unter häufigem Wenden rasch braun anbraten. Mit Pfeffer, Pastetengewürz und Salz bestreuen. Sherry und Sahne hinzufügen, alles unter Rühren aufkochen und die Soße leicht cremig einkochen lassen. Eventuell nachwürzen.
Inzwischen die Schalotten schälen und fein hacken. Die Knoblauchzehe durch die Presse drücken.
Crème fraîche, Öl und Sherryessig mit dem Schneebesen glattrühren. Die Soße mit Salz und eventuell etwas Pfeffer würzen. Mit Schalotten und Knoblauch vermischen.
Feldsalat und Frisée auf 4 Portionstellern anrichten und mit der Soße übergießen. In die Mitte die noch warmen Geflügelleberwürfel mit ihrer Soße füllen.

Dazu frisches Stangenweißbrot und einen trockenen Weißwein (Riesling oder Müller-Thurgau) oder einen leichten, kühlen Rosé reichen.

Vorbereitungszeit:
30 Minuten.
Zubereitungszeit:
10 Minuten.

Mein Tip: Wenn Sie keine frische Geflügelleber bekommen, verwenden Sie getrost Tiefkühlware. Im allgemeinen wird Hühnerleber in 500-g-Packungen tiefgekühlt angeboten. Sie ist sehr preiswert und sehr schmackhaft, hat aber häufig viel Abfall, darum bleiben nach dem Putzen oft nicht mehr als 300 g übrig. Wenn Sie der Geflügelleber einen besonderen Pfiff geben wollen, legen Sie sie nach dem Putzen und vor dem Braten gut 1 Stunde in etwas Portwein ein. Dann muß sie aber vor dem Anbraten sorgfältig trockengetupft werden.

Variation: Statt mit Geflügelleber können Sie den Salat auch mit feingeschnetzelter Kalbsleber oder sogar mit in Sherrysahne geschmorten Kalbsnierchen zubereiten. Dann sollte man jedoch die Schalotten mitbraten und auf den Knoblauch verzichten.

Garnelensalat in Tomaten

200 g frische
oder TK-Nordseegarnelen,
4 Eßlöffel
Delikateßmayonnaise
(oder selbstgemachte),
3 Eßlöffel süße Sahne,
1 Eßlöffel Zitronen-
oder Limettensaft,
1 Eßlöffel Weinbrand
oder Cognac,
1 Eßlöffel Tomatenketchup,
Salz,
weißer Pfeffer aus der Mühle,
1 Prise gemahlener
Koriander,
4 große, feste Tomaten,
½ Salatgurke,
½ Bund Dill,
1 Eßlöffel Kräuteressig,
2 Eßlöffel sehr gutes Öl.

Die Garnelen in einem Durchschlag kurz unter kaltem Wasser abspülen (tiefgekühlte müssen vorher aufgetaut sein). Dann abtropfen lassen und auf einer dicken Lage Haushaltspapier ausbreiten.
Die Mayonnaise mit der Sahne, dem Zitronen- oder Limettensaft, dem Weinbrand oder Cognac und dem Tomatenketchup gründlich verrühren (mit dem Schneebesen oder den Rührstäben des Handrührgeräts). Mit Salz, Pfeffer und Koriander würzen.
Die Garnelen in einer Schüssel damit vermischen und 10 Minuten durchziehen lassen.

In der Zwischenzeit die Tomaten waschen und abtrocknen. Oben einen „Deckel" abschneiden. Das Fruchtfleisch und die Kerne vorsichtig herauslösen. Das geht besonders gut mit einem Grapefruitlöffel.
Das feste Fruchtfleisch und die „Deckel" fein hacken und beiseite stellen.
Den Garnelensalat in die Tomaten füllen.
Die halbe Gurke schälen, längs halbieren und entkernen. Dann nochmals längs durchschneiden und das Fruchtfleisch würfeln.
Den Dill abspülen, trockentupfen und hacken.
Kräuteressig und Öl verrühren und mit etwas Salz würzen.

Die Gurken mit den Tomatenwürfeln und der Essig-Öl-Mischung vermengen.
Dic Tomaten auf eine Platte setzen und mit dem Gurkensalat umlegen. Die Gurken mit dem Dill bestreuen.

Mit kleinen, gebutterten Schwarzbrottalern und einem eiskalten Aquavit oder Wodka vor einem kräftigen Fischgericht oder einem deftigen Braten servieren.

Vorbereitungszeit:
20 Minuten.
Zubereitungszeit:
10 Minuten.

Variation: Den Garnelensalat nicht in Tomaten füllen, sondern auf gekochten weißen Spargelstangen anrichten.
Dann nur mit einigen Würfeln von gehäuteten Tomaten und eventuell etwas gehacktem Basilikum bestreuen.
Sehr gut schmeckt es auch, wenn der Garnelensalat mit ganz zarten, gekochten und in etwa 4 cm lange Stücke geschnittenen Schwarzwurzeln und feinen Streifen von gehäutetem Tomatenfruchtfleisch gemischt wird.

Guacamole
(Avocadopüree)

Guacamole stammt wohl ursprünglich aus Mexiko, wird aber inzwischen in allen mittelamerikanischen Ländern zubereitet, in denen Avocadobäume wachsen. Denn die „Abacatebirne“ ist nicht nur eine besonders nahrhafte, vitamin- und nährstoffreiche, sondern auch eine sehr preiswerte Frucht.
Für Guacamole gibt es eigentlich kein Grundrezept, weil fast jede Hausfrau ihre eigene Version für die beste hält.
Obgleich Guacamole strenggenommen eine Art Püree ist, wird sie ebenso wie der nachfolgende „Kaviar des armen Mannes“ küchentechnisch unter den Salaten eingereiht.

2 kleine Zwiebeln,
1 große, festfleischige grüne Peperoni aus dem Glas,
4 kleine, schnittfeste Tomaten,
½ Bund glatte Petersilie,
2 reife Avocados,
Salz, schwarzer Pfeffer aus der Mühle,
frisch gepreßter Limonen- oder Zitronensaft,
einige Salatblätter.

Die Zwiebeln schälen und sehr fein hacken. Die Peperoni abtropfen lassen, halbieren, entkernen und ebenfalls hacken.
Die Tomaten mit kochendem Wasser überbrühen, abschrecken, häuten, vierteln, entkernen und von den Stengelansätzen befreien. Das Fruchtfleisch würfeln.
Die Petersilie abspülen, trokkenschwenken und einige Stengel zum Garnieren zurücklegen. Die übrige Petersilie hacken.
Die Avocados schälen, längs halbieren und die Steine herauslösen. Das Fruchtfleisch mit einer Gabel zerdrücken.
Mit den übrigen vorbereiteten Zutaten vermischen und mit Salz, Pfeffer und Zitronensaft würzen.
Möglichst unmittelbar vor dem Servieren zubereiten, da das Avocadofruchtfleisch sich sehr schnell verfärbt.
Die Guacamole auf frischen Salatblättern anrichten, mit Petersilie garnieren und dazu frisches Stangenweißbrot oder Toast reichen.
Man kann aber auch der mittelamerikanischen und mexikanischen Sitte entsprechend sehr dünne, kleine Pfannkuchen (Tortillas) dazu reichen.
Als Getränk kann man einen Tequila (mexikanischer Agavenwurzelbranntwein) mit einem Zitronenschnitzchen servieren.

Vorbereitungszeit: 15 Minuten.
Zubereitungszeit: 10 Minuten.

Variationen: Noch schärfer wird die Guacamole, wenn man die Peperoni aus dem Glas durch 1 frische rote oder grüne Pfefferschote ersetzt.
Vielfach werden noch 1–2 hartgekochte, feingehackte oder durch ein Sieb gestrichene Eier in das Püree gegeben. Ebenso kann man noch 1 gehackte grüne Paprikaschote und etwas Öl hinzufügen.
Stielecht müßte statt Petersilie Cilantro (Korianderkraut) an die Guacamole kommen. Das ist bei uns aber nur schwer erhältlich. Einen ähnlichen Geschmack erzielt man durch eine Mischung aus halb glatter Petersilie und halb Kerbel.

Kaviar des armen Mannes
(Auberginenpüree)

Unter dieser übersetzten Bezeichnung ist das Püree rund um das Kaspische Meer bekannt. Auch hier variieren die Zubereitungen ein wenig je nach Landschaft und Familienrezepten. Diese Grundversion stammt aus Persien.

- 600 g Auberginen,
- 4 Knoblauchzehen,
- 1 Bund glatte Petersilie,
- 2 kleine Stengel Pfefferminze,
- ⅛ l Sonnenblumen- oder Olivenöl,
- Salz, weißer Pfeffer aus der Mühle,
- 1 Eßlöffel Zitronensaft,
- Essig nach Geschmack,
- 1 Stengel Liebstöckel.

Die Auberginen mit einer Gabel mehrmals einstechen und in dem auf 250°C (Gas Stufe 6) vorgeheizten Backofen etwa 25 Minuten rösten, bis die Haut ganz schrumplig ist und Blasen wirft.
Die Auberginen unter kaltem Wasser abschrecken, häuten und mit den Händen oder in einem Sieb so kräftig wie möglich ausdrücken. Das Fruchtfleisch ganz fein hacken oder im Mixer pürieren.
Die Knoblauchzehen schälen, die Petersilie und die Minzblättchen abspülen und trokkentupfen. Entweder zusammen mit den Knoblauchzehen auch in den Mixer geben oder den Knoblauch durch die Presse drücken, die Kräuter hacken und dann mit dem Auberginenmus verrühren.
Das Öl wie bei einer Mayonnaise langsam einrühren und den „Kaviar“ mit Salz, Pfeffer, Zitronensaft und Essig abschmecken.
In ein Schälchen füllen und mit dem zuvor abgespülten Liebstöckelstengel garnieren.
Dazu schwarze Oliven und helles Bauernbrot reichen.

Vorbereitungszeit:
ohne Zeit zum „Backen“
15 Minuten.
Zubereitungszeit:
in der Küchenmaschine
5 Minuten, sonst 10 Minuten.

Variationen: Zusätzlich kann man noch je 1 grüne und rote Paprikaschote (wie auf Seite 48 beschrieben vorbereitet) an den Salat geben. Die Petersilie kann durch frisches Basilikum ersetzt werden, dann braucht das Püree aber nicht mehr mit Pfeffer gewürzt zu werden.

Bagna Cauda
(italienisches Gemüsefondue)

Bagna Cauda (korrekter: Bagna caôda) heißt eigentlich nichts weiter als „heiße Soße“ – aber was für eine Soße! Knoblauchduftend muß sie sein und reichlich Sardellenfilets enthalten. Die weitere Zubereitung variiert in den verschiedenen Tälern des Piemont, aus dem dieses Gericht stammt, ebenso wie die dazu gereichten Frischgemüsebeilagen. Man nimmt, was Garten oder Markt gerade bieten. Auch die Mengen sind davon abhängig, ob man das Gericht als Vorspeise oder als Hauptgericht servieren möchte.
Gerade an heißen Sommerabenden wird es Gästen gerne vorgesetzt.
Als Gemüse eignen sich lange, in feine Streifen geschnittene Möhren, Streifen von roten und grünen Paprikaschoten, Salatgurken, Kardonen (eine eßbare, der Artischocke verwandte Distelart), Bleichsellerie, Scheiben von Champignons, bißfest gekochte Blumenkohlröschen, Artischockenherzen oder -böden aus der Dose, Palmenherzen (Palmitos) und sogar frische, geschälte Walnüsse.

Einfache Knoblauch-Sardellen-Soße

100 g Sardellenfilets
aus dem Glas,
6 Knoblauchzehen,
50 g Butter,
¼ l kaltgepreßtes Olivenöl
(Jungfernöl).

Die Sardellen unter fließendem Wasser abspülen und mit Haushaltspapier trockentupfen. In einen Mörser geben und zu einer feinen Paste verrühren. Oder ganz fein hacken.
Die Knoblauchzehen schälen und ebenfalls fein hacken.
Die Butter in einer kleinen Steingutpfanne (die nur für dieses Gericht verwendet wird) zerlassen und den Knoblauch darin unter Rühren so lange dünsten, bis er ganz weich geworden ist.
Dann langsam das Öl hinzufügen und zum Schluß die Sardellenpaste hineinrühren. Alles 10 Minuten ziehen lassen, dabei darf das Öl aber nicht zu heiß werden. Hin und wieder umrühren.
Das Pfännchen zu Tisch bringen und auf einen Rechaud stellen.
Dazu das vorbereitete Gemüse servieren.
Jeder Gast wählt sein Gemüse nach Belieben und tunkt es in die heiße Soße.
Dazu frisches Stangenweißbrot und einen leichten, aber trockenen Rotwein (z. B. einen jungen Barbera) reichen.

Vorbereitungszeit:
ohne Zeit zum Gemüseputzen 15 Minuten.
Zubereitungszeit: 15 Minuten.

Bagna Cauda mit saurer Sahne

Die Grundsoße wie oben beschrieben zubereiten, jedoch 75 g Butter, aber nur ⅛ l Olivenöl verwenden.
Dann ⅛ l dicke saure Sahne oder noch besser Crème fraîche einrühren. Die Soße sollte nach dem Einrühren der sauren Sahne nicht aufkochen.
Diese Soße bekommt eine besondere Note, wenn man noch 25–30 g weiße Trüffelscheibchen hinzufügt (man kann auch dunkle Trüffel aus der Dose nehmen).

Mein Tip: Diese Soße schmeckt auch sehr gut als Dip für gekochte Artischocken.

Bagna Cauda mit süßer Sahne

Nur 6 Sardellenfilets und 4 Knoblauchzehen wie beschrieben vorbereiten.
3/8 l süße Sahne unter Rühren um die Hälfte einkochen.
In einem anderen Topf 100 g Butter erhitzen, die Sardellenpaste und den Knoblauch darin 10 Minuten dünsten, dabei häufig umrühren.
Dann eßlöffelweise die eingedickte Sahne hinzufügen, dabei kräftig mit dem Schneebesen schlagen. Die fertige Soße darf nicht mehr aufkochen.

Hinweis: Es gibt für die Grundsoße noch zwei einfache, aber sehr delikate Variationen.
Einmal kann man die fertige Soße mit 4 Eßlöffeln süßer Sahne verfeinern, zum anderen gibt man 6 cl kräftigen Rotwein und 1–2 Teelöffel Semmelbrösel daran.

Schwarzwurzelsalat mit Hummerkrabben

Schwarzwurzeln, die „Spargel des Winters", sind vom Oktober bis März frisch auf dem Markt. Ihr zart nußartiger Geschmack macht sie für den Feinschmecker so begehrenswert.
Hummerkrabben werden bei uns sowohl unter der Bezeichnung Riesengarnelen als auch Scampi angeboten. Ganz korrekt müßte man sie Geißelgarnelen nennen.

250 g Hummerkrabben (Riesengarnelen),
500 g Schwarzwurzeln,
4 Eßlöffel Essig,
½ l Wasser, Salz,
10 g Butter,
1 Teelöffel Zitronensaft,
100 g großblättrige Brunnenkresse,
1 junge Möhre,
1 kleiner Becher Crème fraîche (100 g),
4 Eßlöffel süße Sahne,
2 Eßlöffel Sherryessig,
Cayennepfeffer,
Worcestersauce,
1 Bund Dill,
2 Eßlöffel Walnußöl.

Die Hummerkrabben nach Vorschrift auftauen lassen. Die Schwarzwurzeln unter fließendem Wasser abbürsten. Dabei am besten mit Gummihandschuhen arbeiten, weil der beim Schälen austretende Saft häßliche, schwer zu entfernende Flecken an den Händen hinterläßt.
Eine Schüssel mit Essigwasser vorbereiten. Die Schwarzwurzeln mit einem Spargelschäler dünn, aber gründlich schälen, in etwa 6 cm lange Stücke schneiden und jede Wurzel sofort in das Essigwasser geben, damit sich die Wurzeln nicht verfärben.
Wenn alle Wurzeln geschält sind, das Wasser mit Salz, Butter und Zitronensaft zum Kochen bringen. Die Schwarzwurzeln einlegen und 15–20 Minuten zugedeckt kochen, dann sind sie weich, haben aber noch „Biß".
In der Zwischenzeit die Brunnenkresse putzen und gründlich waschen, in einem Durchschlag abtropfen lassen

und gut trockenschütteln.
Die Möhren schälen und grob raspeln.
Crème fraîche mit Sahne und Sherryessig zu einer glatten Soße verrühren und mit Cayennepfeffer, Worcestersauce und etwas Salz pikant würzen.
Den Dill abspülen, trockentupfen, fein schneiden und zur Soße geben.
Die Schwarzwurzeln abtropfen und etwas abkühlen lassen. Sie sollen aber beim Servieren noch lauwarm sein.
Die Hummerkrabben kurz kalt abspülen, abtropfen lassen und auf eine Lage Haushaltspapier legen, vorsichtig abtupfen.
4 Portionsteller mit der Brunnenkresse belegen. Die Blättchen mit Walnußöl beträufeln und mit geraspelter Möhre bestreuen. Die Schwarzwurzelstücke sternförmig darauflegen und die Hummerkrabben bergartig in der Mitte anrichten.
Mit der Dillsoße überziehen und rasch servieren.
Dazu einen trockenen Weißwein reichen.

Vorbereitungszeit:
ohne Zeit zum Auftauen
50 Minuten.
Zubereitungszeit:
15 Minuten.

Variation: Statt der Hummerkrabben können auch Langostinos in dieser Kombination angerichtet werden.
Langostinos sind kleine Seekrebse aus dem Südpazifik, die hauptsächlich von Chile – fangfrisch gekocht und tiefgefroren – nach Europa exportiert werden. Ihr rotweiß marmoriertes Fleisch ist sehr zart und schmackhaft.

Warmer Fenchel-Champignon-Salat

3 kleine Fenchelknollen,
3 Stengel Bleichsellerie,
125 g Schalotten,
¼ Stange Lauch (Porree),
5 frische oder getrocknete Stengel Thymian,
¼ Teelöffel Korianderkörner,
1 Knoblauchzehe,
1 Lorbeerblatt,
⅛ l Wasser,
Saft von 1 großen Zitrone,
6 Eßlöffel kaltgepreßtes Olivenöl (Jungfernöl),
Salz,
300 g kleine, weiße, geschlossene Champignons,
2 Tomaten,
1 Bund glatte Petersilie,
schwarzer Pfeffer aus der Mühle.

Die Fenchelknollen und den Bleichsellerie putzen, das Blattgrün abschneiden, waschen und abtropfen lassen. Die Fenchelknollen längs in Achtel oder Sechstel teilen. Den Sellerie in etwa 5 cm lange Streifen schneiden.
Die Schalotten schälen.
Ein Bouquet garni herstellen. Dazu die Lauchstange an einer Seite aufschlitzen, gründlich waschen und abtropfen lassen. In die Stange das Fenchel- und Selleriegrün, den Thymian, die Korianderkörner, die geschälte Knoblauchzehe und das Lorbeerblatt geben und den Lauch zusammenbinden.
In einem großen Topf das Wasser mit dem Zitronensaft, dem Öl und dem Bouquet garni zum Kochen bringen. Kräftig salzen. Fenchel und Sellerie darin etwa 5 Minuten leise simmern lassen.
In der Zwischenzeit die Champignons von ihrem Wurzelballen befreien und in einem sauberen Küchentuch gründlich abreiben. Nur wenn nötig, waschen, dann gründlich abtropfen lassen. Die Champignons auch in den Topf geben und alles noch weitere 5 Minuten mehr ziehen als kochen lassen.
Das Gemüse und das Bouquet garni herausnehmen. Den Kochsud bei ganz starker Hitze um gut die Hälfte einkochen lassen. Dann eventuell mit Salz und Zitronensaft nachwürzen.
Nebenher die Tomaten mit kochendem Wasser überbrühen, abschrecken, häuten, vierteln, entkernen und die grünen Stengelansätze herausschneiden. Das Fruchtfleisch grob würfeln.
Die Petersilie abspülen, trockentupfen und hacken.
Das Gemüse auf einer tiefen Platte oder 4 Tellern anrichten, mit dem Sud übergießen und mit Tomatenwürfeln und Petersilie bestreut noch warm servieren. Nach Belieben noch mit Pfeffer übermahlen.
Dazu frisches Bauernbrot und einen kräftigen, trockenen Weißwein aus Italien oder Spanien reichen.

Vorbereitungszeit:
40 Minuten.
Zubereitungszeit:
10 Minuten.

Variationen: Bei dieser Zubereitungsmethode sind außer den Champignons alle Gemüse austauschbar oder können ergänzt werden durch: Blumenkohlröschen, Frühlingszwiebeln, zarte Lauchstangen (nur die unteren hellen Enden), frische Artischockenböden, junge Möhren oder Karotten oder jungen Knollensellerie.

Mein Tip: Für das Bouquet garni immer ein etwa 10 bis 15 cm großes Stück Lauch nehmen, das aus dem Teil der Stange geschnitten wird, in dem die hellen, geschlossenen Blatteile gerade in dunkles Grün übergehen, sich das obere Ende also eben zu öffnen beginnt.

Tomatensalat mit Mozzarella

Dieser aus Süditalien stammende Salat wird dort in den heißen Sommermonaten auch gerne als Hauptgericht serviert. Bei uns bevorzugt man ihn hingegen als Vorspeise.
Mozzarella, ursprünglich eine Käsespezialität aus der Region Kampanien, wird seit einiger Zeit bei uns in Folie verpackt angeboten. Dann ist der Käse meist aus Kuhmilch bereitet.
Wenn Sie aber einen Käsehändler in der Nähe haben, der auch losen Mozzarella verkauft, fragen Sie ihn nach dem aus Büffelmilch (Mozzarella di bufalo), der einen herzhafteren Geschmack und eine etwas gelblichere Färbung hat.

750 g nicht zu große Fleischtomaten,
250 g Mozzarella,
Salz, schwarzer Pfeffer aus der Mühle,
3 Eßlöffel sehr guter Essig (am besten Aceto balsamico),
1 Bund großblättriges Basilikum,
kaltgepreßtes Olivenöl (Jungfernöl).

Die Tomaten waschen, abtrocknen und quer in 5 mm dicke Scheiben schneiden. Dabei den grünen Stengelansatz entfernen. Den abgetropften Käse auch in 5 mm dicke Scheiben schneiden. Tomaten- und Käsescheiben abwechselnd auf einer Platte anrichten. Mit wenig Salz und Pfeffer bestreuen und mit dem Essig beträufeln.
Das Basilikum abspülen, trockentupfen, die Blätter abzupfen und in feine Streifen schneiden. Über den Salat verteilen.
Öl in einer Karaffe bereitstellen, damit sich jeder nach Belieben nehmen kann.
Zu dem Salat frisches Stangenweißbrot und einen kühlen Rosé servieren.

Vorbereitungszeit: 10 Minuten.
Zubereitungszeit: 5 Minuten.

Variationen: Zusätzlich noch Gurkenscheiben an den Salat geben.
Oder man mischt noch einige grüne, entkernte Oliven mit unter den Salat.
Gut schmecken auch abgezogene (siehe Seite 48) grüne und rote Paprikaschoten zu dem Salat. Sie werden in etwa 2 cm breite Streifen geschnitten.
Dann gibt man noch 1–2 Frühlingszwiebeln an den Salat. Dabei das Weiße hacken, das Grüne in Ringe schneiden.

Salat von Frühlingszwiebeln

2 große Bund Frühlingszwiebeln,
8 cl trockener Weißwein,
4 Eßlöffel Weinessig,
4 Eßlöffel kaltgepreßtes Olivenöl (Jungfernöl), Salz,
4 Stengel Petersilie,
4 Stengel frischer Thymian (ersatzweise 2 Stengel getrockneter),
6 Stengel oder 8 große Blätter frisches Basilikum,
1 hartgekochtes Ei,
1 Eßlöffel gemahlene Haselnüsse,
1 kleiner Becher Crème fraîche (100 g).

Die Frühlingszwiebeln putzen. Die weißen Knollen abschneiden und beiseite legen. Von dem grünen Lauch nur die harten oberen Enden abschneiden. Die Lauchstangen sollten alle die gleiche Länge haben. Dann zu 4 Bündelchen zusammenfassen und mit Garn umwickeln.
¼ l Wasser, Wein, Essig und das Öl in einem länglichen Topf mischen und kräftig salzen. Zum Kochen bringen. In der Zwischenzeit Petersilie und den Thymian waschen und trockenschleudern.
Die Zwiebelbündelchen, die Petersilie und den Thymian ins Wasser geben.
Die Lauchstangen in etwa 5 Minuten garen, sie sollten aber noch „Biß" haben. Mit einem Schaumlöffel herausheben und zum Abtrocknen auf eine dicke Lage Haushaltspapier legen. Den Sud durch ein feines Haarsieb gießen und abkühlen lassen.
Das Basilikum abspülen, trokkentupfen und die Blättchen fein streifig schneiden.
Das Ei schälen und fein hacken. Die weißen Zwiebelknollen ebenfalls hacken.
Die Haselnüsse in einer beschichteten Pfanne ohne Fettzugabe unter Rühren goldbraun rösten.
Die Crème fraîche mit dem Schneebesen schaumig schlagen, dabei nach und nach etwas von dem Kochsud hinzufügen. Die so entstandene Soße nach Belieben noch mit etwas Essig und Salz nachwürzen.
Die Zwiebelbündelchen aufschneiden und entweder auf Portionstellern oder einer Servierplatte anrichten. Mit der Soße überziehen. Zuerst mit den gehackten Zwiebeln und Ei, dann mit Basilikum und Haselnüssen bestreuen.
Dazu schmeckt Nußbrot mit gesalzener Butter und ein leichter, aber trockener Weißwein.

Vorbereitungszeit: 25 Minuten.
Zubereitungszeit: 10 Minuten.

Mein Tip: Nach dem Putzen brauchen Frühlingszwiebeln eigentlich nicht mehr gewaschen zu werden. Wenn man jedoch viel von dem grünen Lauch dranläßt und die Zwiebeln aus dem Freilandanbau stammen, sollte man sie in einer Schüssel mit reichlich Wasser mehrmals kräftig durchschwenken.

Variation: Statt mit der oben angegebenen Soße kann man die Frühlingszwiebeln auch in einer kräftigen Vinaigrette (siehe Seite 29) mit Kräutern und Kapern anrichten.
Wenn Sie keine Frühlingszwiebeln bekommen, können Sie auch junge, zarte Lauchstangen (Porree) verwenden. Vor dem Garen werden die unteren Wurzelenden großzügig abgeschnitten, ebenso wie die harten oberen Blatteile, bis dahin, wo das Grün eben in die hellen Teile übergeht. Die zarten grünen Blatteile mit einem scharfen Messer zweimal über Kreuz einschneiden. Den Lauch dann wie beschrieben garen. Die Kochzeit jedoch eventuell um 2 Minuten verlängern.
Lauchsalat schmeckt besonders gut als Vorspeise vor deftigen Braten, man kann ihn aber auch als Beilage reichen.

Entenbrust auf Bataviasalat

2 Entenbrüstchen
(je etwa 200 g),
Salz,
weißer Pfeffer aus der Mühle,
1 Prise gerebelter Salbei,
10 g Butter,
1 Bataviasalat,
2 kleine Frühlingszwiebeln,
2 Ingwerpflaumen
aus dem Glas,
1 Teelöffel Ingwersirup,
3 Eßlöffel Himbeeressig,
2 Eßlöffel Walnuß-
oder Traubenkernöl,
3 Eßlöffel süße Sahne,
20 g Walnußkerne.

Die Entenbrüstchen kurz abspülen und gründlich trokkentupfen. Dann mit Salz, Pfeffer und Salbei einreiben.
Die Butter schmelzen und eine flache Kasserolle damit einpinseln.
Die Entenbrüstchen mit der Hautseite nach oben hineinlegen und in dem auf 250 °C (Gas Stufe 6) vorgeheizten Backofen 12–15 Minuten braten. Sie sollten innen noch ganz leicht rosa sein.
Aus der Kasserolle nehmen und abtropfen lassen. Rasch mit Haushaltspapier abtupfen, einzeln in extra starke Alufolie wickeln und bis zur Weiterverwendung ruhen lassen. Sie kühlen ab, bleiben aber noch lauwarm.
Den Bataviasalat zerpflücken, die Blätter waschen und trokkenschleudern.
Die Frühlingszwiebeln putzen, die weißen Zwiebeln fein hakken, das Grün in dünne Ringe schneiden.
Die Ingwerpflaumen fein hacken und beiseite stellen.
Den Ingwersirup mit dem Himbeeressig, dem Öl und der Sahne zu einer glatten Soße verrühren, ganz mild mit Salz und Pfeffer würzen. Die Walnußkerne hacken und in die Soße geben.
Die Salatblätter sternförmig auf 4 Portionstellern oder einer großen Servierplatte anrichten und mit der Soße beträufeln. Mit den Frühlingszwiebeln bestreuen.
Die Entenbrüstchen auswikkeln und wenn nötig noch einmal abtupfen. Die Haut abziehen. Sofern eine Fettschicht vorhanden ist, wird sie vorsichtig abgehoben. Das Brustfleisch nun quer zur Faser schräg in dünne Scheiben schneiden und blütenblattartig auf dem Salat anrichten. Mit dem gehackten Ingwer bestreuen.
Die Haut in hauchdünne Streifen schneiden und in die Mitte geben. Den Salat rasch servieren.

Dazu ofenfrisches Stangenweißbrot und einen kühlen Rosé reichen.

Vorbereitungszeit:
35 Minuten.
Zubereitungszeit:
15 Minuten.

Variationen: Auf dem Bataviasalat können auch dünne Scheiben gebratene Hähnchenbrust angerichtet werden. Dann aber auf die Haut verzichten und die zarten Frühlingszwiebeln durch Weine, aber milde Weinzwiebeln oder Schalotten ersetzen. Sehr gut schmeckt der Salat auch mit Scheiben von Hasenrücken oder Rehfilet (dazu eventuell Bratenreste verwenden).

Mein Tip: Entenbrüstchen bekommt man, außer direkt bei einem Geflügelhändler, nur selten allein. Man muß meist eine ganze Ente kaufen. Dann brät man am besten die ganze Ente wie gewohnt im Backofen, nimmt sie aber nach etwa 20 Minuten heraus und löst die Brüstchen für den Salat aus.
Die Keulen und das restliche Fleisch auch abtrennen.
Die Knochen zerhacken und zusammen mit gehackten Zwiebeln und gewürfeltem Suppengrün anrösten. Mit Wasser und Rotwein zu einer kräftigen Grundsoße kochen. Daraus und aus dem restlichen Fleisch dann am nächsten Tag ein Ragout bereiten.

Salatherzen mit Eigelbcreme und Matjes

2 große, feste Köpfe grüner Salat,
4 zarte Matjesfilets in Öl (je etwa 60 g),
2 hartgekochte Eier,
2 rohe Eigelb,
1 Teelöffel englisches Senfpulver,
3 Eßlöffel Kräuteressig,
3 Eßlöffel Walnuß- oder Traubenkernöl,
2 Eßlöffel saure Sahne,
Salz,
2 kleine Schalotten,
½ Bund Dill,
½ Bund glatte Petersilie,
einige Radieschen und etwas Schnittlauch zum Garnieren.

Die Salatköpfe von den Außenblättern befreien, bis nur die zarten, hellgrünen und gelben Innenblätter übrig bleiben. Diese Salatherzen vierteln. Gründlich in kaltem Wasser waschen, vorsichtig trockenschleudern und beiseite legen. Die Matjesfilets mit Haushaltspapier abtupfen. Dann mit einer Pinzette eventuell vorhandene Gräten aus dem Fleisch zupfen. Die Matjes schräg zur Faser in möglichst große, flache Stücke schneiden (dazu eignet sich ein Lachsmesser besonders gut). Die Eier pellen, halbieren und das Eigelb auslösen. Das Eiweiß hacken, das Eigelb durch ein Sieb streichen. Mit dem rohen Eigelb, dem Senfpulver, Essig und Öl im Mixer zu einer glatten Soße verrühren. Zum Schluß die saure Sahne hinzufügen und alles mit Salz abschmecken. Die Schalotten schälen und ganz fein hacken.
Dill und Petersilie abspülen und trockentupfen. Vom Dill einige Zweige zum Garnieren zurücklegen. Den restlichen Dill fein schneiden, die Petersilie hacken und beides mit der Eigelbcreme mischen. Die Radieschen putzen, waschen und zu Rosetten schneiden. Den Schnittlauch auch abspülen, trockentupfen und zu Röllchen schneiden.
Je 2 Salatherzenviertel auf einem Teller anrichten und mit etwas Soße überziehen. Die Matjesscheiben dachziegelartig davor anrichten und mit der restlichen Soße beträufeln. Die Schalotten und das gehackte Eiweiß über die Salatherzen streuen.
Die Matjesstücke mit Dillzweigen, Radieschenrosetten und Schnittlauch garnieren.
Zu dem Salat leicht gebutterte Schwarzbrot- oder Pumpernickeltaler und einen trockenen Weißwein oder einen eiskalten Aquavit reichen.

Vorbereitungszeit: 25 Minuten.
Zubereitungszeit: 10 Minuten.

Variationen: Besonders edel wird der Salat, wenn man die Matjesfilets durch echten Räucherlachs ersetzt.
Man kann den Salat auch in Achtel schneiden und dann je 4 davon sternförmig auf dem Teller anrichten. Dann gibt man in die Mitte ein pochiertes Ei, das ebenso wie der Salat mit der Eigelbcreme überzogen wird. Mit Räucherlachsscheiben garnieren.

Mein Tip: Matjes in Öl sind im allgemeinen so zart, daß sie nicht mehr gewässert werden müssen. Eine Kostprobe ist aber doch vorher angebracht. Sollten die Matjesfilets zu stark eingesalzen sein, legt man sie vor der Zubereitung etwa 30 Minuten in eine Mischung aus halb Buttermilch, halb Mineralwasser oder dünnen schwarzen Tee.

Salade niçoise

(Salat auf Nizzaer Art)

Salade niçoise hat längst außerhalb der Grenzen der französischen Provence soviele Nachahmungen erfahren, daß die meisten mit dem eigentlichen Original außer Kopfsalat, Thunfisch, Tomaten und Kräutern kaum noch etwas gemeinsam haben. Dieses Rezept ist eine verfeinerte Form des Originals, die auch in der Provence häufig als Vorspeisensalat serviert wird.

100 g Kenia- oder Prinzeßböhnchen,
Salz,
1 kleiner Kopf- oder Endiviensalat,
je 1 grüne und rote Paprikaschote,
2–3 Stengel Bleichsellerie,
4–5 vollfleischige, feste Tomaten,
1 Dose Thunfisch in Öl (200 g),
16 schwarze Oliven,
1 große weiße Zwiebel,
½ Bund glatte Petersilie,
5 Zweige frisches Basilikum,
5 Eßlöffel kaltgepreßtes Olivenöl (Jungfernöl),
4 Eßlöffel Weinessig,
Salz, schwarzer Pfeffer aus der Mühle,
2 hartgekochte Eier.

Die Bohnen putzen und in kräftig gesalzenem, sprudelnd kochendem Wasser etwa 8 Minuten kochen. Sie müssen noch knackig sein. Abgießen, abtropfen und abkühlen lassen.
Den Salat putzen, die Blätter waschen, trockenschleudern und zerzupfen. Dabei die harten Blattstengel entfernen.
Die Paprikaschoten waschen, vierteln, von Stengelansätzen und Samensträngen befreien und quer in dünne Streifen schneiden.
Den Bleichsellerie putzen. Die Blätter abschneiden, waschen, abtropfen lassen und grob zerschneiden. Die Stangen schräg in etwa 2 cm dicke Scheiben schneiden.
Die Tomaten waschen, abtrocknen, achteln und von den grünen Stengelansätzen befreien.
Den Thunfisch abtropfen lassen, dabei das Öl auffangen.

Das Fleisch in mundgerechte Stücke zerteilen.
Die Oliven halbieren, dabei entsteinen.
Die Zwiebel schälen und in dünne Ringe schneiden.
Petersilie und Basilikum abspülen, trockenschwenken und nicht zu fein hacken.
Aus Olivenöl, Essig, Salz, Pfeffer und beliebig viel Thunfischöl eine pikante Soße mischen.
Eine große Schüssel mit den Salatblättern auslegen. Die übrigen Salatzutaten mischen und hineingeben. Mit der Soße begießen.
Die Eier schälen und achteln. Den Salat damit garnieren.
Dazu frisches Stangenweißbrot und einen leichten roten Landwein servieren.

Vorbereitungszeit: 25 Minuten.
Zubereitungszeit: 10 Minuten.

Variationen: Man kann den Salat zusätzlich noch mit einigen gewässerten, zu Röllchen gedrehten Sardellenfilets garnieren. Dann aber die Soße sehr sparsam salzen.
Oder man gibt keine Soße an den Salat, sondern stellt Essig, Öl, Salzstreuer und Pfeffermühle auf den Tisch, und jeder macht sich seinen Salat nach Belieben selber an.

Endiviensalat mit Knoblauchcroûtons

1 großer Kopf krause Endivie,
100 g roher Schinken ohne Fettrand,
1 Bund gemischte Kräuter der Saison,
2 Schalotten,
2 hartgekochte Eier,
2 große, frische Knoblauchzehen,
20 g Butter,
3 Scheiben nicht zu frisches Toastbrot,
1 Teelöffel scharfer Senf,
3 Eßlöffel Rotweinessig,
6 Eßlöffel Öl,
Salz,
50 g gehackte Walnußkerne,
grob geschroteter schwarzer Pfeffer.

Die Endivie putzen, zerpflücken, waschen und in einem Durchschlag abtropfen lassen.
Den Schinken fein würfeln oder in dünne Streifen schneiden.
Die Kräuter abspülen, trokkenschwenken und hacken.
Die Schalotten schälen und in dünne Ringe schneiden oder auch hacken.
Die Eier pellen, halbieren, Eiweiß und Eigelb trennen.
Das Eiweiß würfeln, das Eigelb beiseite legen.
Die Knoblauchzehen schälen und durch die Presse drücken oder mit einer flachen Messerklinge ganz fein zerdrücken.
Die Butter in einer großen Pfanne erhitzen und abschäumen. Den Knoblauch darin unter gelegentlichem Wenden glasig braten. Dann herausnehmen.
Nebenher die Brotscheiben entrinden und in etwa 1 cm große Würfel schneiden. In der Butter rösten, bis sie goldbraun sind. Warm halten.
Eigelb durch ein Sieb drücken, mit Senf und Essig verrühren, dann tropfenweise das Öl hinzufügen, so daß eine leicht cremige Soße entsteht. Mit Salz abschmecken.
Die Endivienblätter in mundgerechte Stücke zerteilen, mit Schinken, Kräutern, Schalotten und Eiweiß vermischen.
Unter die Soße heben und in eine Servierschale füllen.
Mit den Walnüssen und den Knoblauchcroûtons bestreuen.

Den Salat nach Belieben noch mit Pfeffer bestreuen.

Der Salat schmeckt besonders gut als Vorspeise vor einem deftigen Fleischgericht, vor Wildbraten oder gebratenem Lammrücken.

Vorbereitungszeit:
25 Minuten.
Zubereitungszeit:
10 Minuten.

<u>Variation:</u> Ebenso kann man einen kräftigen Freiland-Kopfsalat oder großblättrigen Feldsalat zubereiten.

<u>Mein Tip:</u> Wenn's um Knoblauch geht, ist der frischeste eben gut genug. Nicht nur, weil Aroma und Geschmack dann am besten sind, sondern auch der „Nachfolgegerüche" wegen – sie verstärken sich mit zunehmendem Alter der Knoblauchzehen. Wer aber doch etwas ältere „Pflänzchen" verarbeiten muß, sollte die einzelnen Zehen aufschneiden und den innenliegenden grünen Keim entfernen. Ist aber das darumliegende Fruchtfleisch nicht mehr weiß, sondern geht ins Bräunliche über, sollte man die ganze Zwiebel wegwerfen. Sie ist in keiner Form mehr ein Genuß!

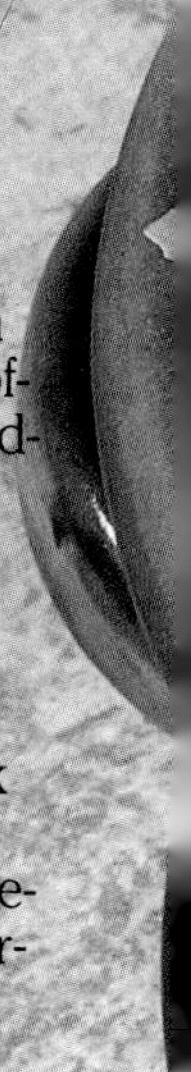

Salat mit Austernpilzen

Austernpilze, auch Austernseitlinge genannt, wachsen in Herbst und Winter an lebenden und abgestorbenen Stümpfen von Laubbäumen. Auf den Markt kommen diese wohlschmeckenden Wildpilze allerdings nur selten.
Der Handel bezieht den Austernpilz aus Zuchtanlagen, von denen es zur Zeit bei uns aber noch sehr wenige gibt.
Dabei ist der Austernpilz wegen seiner Anspruchslosigkeit und großen Erträge als Zuchtpilz ebenso geeignet wie der Zuchtchampignon.
Er ist außerdem sehr aromatisch und hat ein festes Fruchtfleisch, was ihm auch den Namen Kalbfleischpilz eingetragen hat. Seine Beliebtheit steigt ständig, und er beginnt, auch des Preises wegen, ein ernster Konkurrent für den Champignon zu werden.

250 g Schweinefilet vom dicken Ende,
1 Knoblauchzehe,
8 Eßlöffel Distel- oder Traubenkernöl,
Salz,
500 g Austernpilze,
1 kleine Zwiebel,
1 Bund Petersilie,
weißer Pfeffer aus der Mühle,
6 Eßlöffel süße Sahne,
100 g Feldsalat,
2 kleine Radicchioköpfe,
2 Eßlöffel Sherryessig,
1 Eßlöffel halbtrockener Sherry,
1/2 Teelöffel englisches Senfpulver,
1 Prise Zucker,
grob geschroteter grüner oder bunter Pfeffer.

Das Schweinefilet wenn nötig häuten, mit Haushaltspapier abreiben, dann mit der geschälten und halbierten Knoblauchzehe einreiben.
2 Eßlöffel Öl in einer Pfanne erhitzen und das Fleisch bei nicht zu starker Hitze rundherum 15–20 Minuten braten. Abtropfen lassen, rundherum salzen und in Alufolie einwickeln. Dann beiseite legen. In der Folie kühlt es nur langsam ab.
Inzwischen die Pilze gründlich putzen. Möglichst nicht waschen, sondern nur in einem Küchentuch abreiben. Große Pilze halbieren oder vierteln.
In der Pfanne, in der auch das Fleisch gebraten wurde, 2 weitere Eßlöffel Öl erhitzen und die Pilze darin unter häufigem Wenden etwa 10 Minuten braten.
Die Zwiebel schälen, die Petersilie abspülen und trockentupfen. Beides hacken und

nach 5 Minuten zu den Pilzen geben. Mit Salz und Pfeffer würzen.
Die Sahne angießen und alles unter ständigem Rühren noch etwa 3 Minuten kräftig kochen lassen.
Nebenher den Feldsalat gründlich putzen, waschen und abtropfen lassen. Den Radicchio zerpflücken, ebenfalls waschen und abtropfen lassen, dann in mundgerechte Stücke zerschneiden.
Feldsalat und Radicchio auf einer Servierplatte anrichten. Sherryessig, Sherry und Senfpulver verrühren. Mit Salz und Zucker abschmecken. Zum Schluß das restliche Öl untermischen.
Den Salat mit dieser Mischung beträufeln. Darauf die Pilze häufen.
Das Filet auswickeln, in hauchdünne Scheiben schneiden und blütenblattartig auf den Pilzen anrichten. Mit grob geschrotetem Pfeffer bestreuen und servieren.
Dazu nur frisches Weißbrot und einen trockenen Weißwein (Riesling) oder Sherry (Fino) reichen.

Vorbereitungszeit:
35 Minuten.
Zubereitungszeit:
10 Minuten.

Variation: Statt mit Austernpilzen kann der Salat auch mit Steinchampignons bereitet werden. Allerdings dürfen die nicht so lange braten, höchstens insgesamt 5 Minuten.

Champignonsalat mit Tomatenparfait

¼ l naturreiner Tomatensaft,
4 Wacholderbeeren,
6 Pfefferkörner,
1 Teelöffel geriebener Meerrettich aus dem Glas,
6 Stengel Petersilie,
3 Blatt weiße Gelatine,
Salz, 1 Prise Zucker,
1 cl Gin,
25 g gemahlene Haselnüsse,
1 Becher Sahnejoghurt,
1 Eigelb,
2 Eßlöffel Walnußöl,
2 Eßlöffel süße Sahne,
schwarzer Pfeffer aus der Mühle,
125 g großblättriger Feldsalat,
200 g große, weiße Champignons,
1 Eßlöffel Zitronensaft,
1 Bund Schnittlauch.

Den Tomatensaft in einen Topf geben. Wacholderbeeren und Pfefferkörner in einem Mörser zerstoßen und zusammen mit dem Meerrettich in den Saft geben.
Die abgespülte, trockengeschwenkte Petersilie hinzufügen und alles langsam zum Kochen bringen.
Die Gelatine zusammenrollen und kalt einweichen.
Den Tomatensaft vom Herd nehmen und die ausgedrückte Gelatine darin auflösen.
Den Saft dann durch ein Sieb gießen und mit Salz, Zucker und dem Gin abschmecken.
In eine kleine Form füllen und zum Erstarren für etwa 2 Stunden in den Kühlschrank stellen.
Für die Soße die Haselnüsse in einer beschichteten Pfanne bei nicht zu starker Hitze unter Rühren rösten. Dann abkühlen lassen.
Joghurt und Eigelb im Mixer verquirlen, dann nach und nach das Öl und die Sahne hinzufügen. Die Nüsse unterheben und die Soße mit Salz und Pfeffer abschmecken.
Den Feldsalat putzen und gründlich waschen. In einem Durchschlag gut abtropfen lassen oder in einem Küchentuch trockenschleudern.
Die Champignons putzen, nur wenn nötig waschen, dann gründlich abtrocknen. In nicht zu dünne Scheiben schneiden und rasch mit dem Zitronensaft vermischen.

Den Schnittlauch abspülen, trockentupfen, in Röllchen schneiden und in die Soße geben.
Das Schälchen mit dem Tomatenparfait kurz in heißes Wasser tauchen, das Parfait stürzen und in kleine Würfel schneiden.
Auf Portionstellern zuerst den Feldsalat anrichten und mit etwas Soße beträufeln. Darauf blütenblattartig die Champignons geben und mit der restlichen Soße überziehen. Mit den Parfaitwürfeln bestreuen und den Salat rasch servieren. Dazu Blätterteiggebäck und einen leichten, trockenen Weißwein reichen.

Vorbereitungszeit:
ohne Zeit zum Erstarren
35 Minuten.
Zubereitungszeit:
10 Minuten.

Variationen: Statt mit Champignons kann man den Salat auch mit Austernpilzen oder Steinpilzen bereiten. Beide müssen aber vorher in Butter gebraten werden. Dazu können kleine Austernpilze ganz gelassen werden, Steinpilze schneidet man in dünne Scheiben. Besonders gleichmäßige Scheiben bekommt man, wenn man dazu den Eischneider benutzt.

Nudelsalat „Italia“

Das große Salatbüfett

Zugegeben: Büfetts machen immer eine Menge Arbeit. Oft mehr als ein vielgängiges Menü. Aber sie erlauben, viele Gäste einzuladen – in diesem Fall mindestens 20 Personen. Und sollten es noch mehr werden: Fast alle Salate dieses Buches passen auf ein Büfett – außer den ganz frischen. Diese fallen zu schnell zusammen. Obstsalate bilden den süßen Schlußpunkt.

Trüffelsalat nach Art von Toulouse

Staudensellerie mit Käsesalat

Champignon-Avocado-Salat

Trüffelsalat nach Art von Toulouse

5 hartgekochte Eier,
1 Teelöffel scharfer Senf (Dijon- oder Löwensenf),
4 Eßlöffel Sherryessig,
4 Eßlöffel trockener Sherry (Fino),
Salz, weißer Pfeffer aus der Mühle,
1 Prise Zucker,
8 Eßlöffel kaltgepreßtes Olivenöl (Jungfernöl),
16 große Artischockenböden (aus Glas oder Dose),
2 kleine Dosen Trüffeln (je etwa 25 g),
2 große Köpfe Bataviasalat.

Die Eier schälen, halbieren und die Eidotter herauslösen.
Eigelb und das Eiweiß von 2 Eiern durch ein Sieb streichen. Mit Sherryessig, Sherry, Salz, Pfeffer und Zucker zu einer glatten Mischung verrühren.
Nach und nach das Öl hinzufügen, so daß eine mayonnaisenähnliche Soße entsteht.
Die Artischockenböden abtropfen lassen, vierteln und dann in dünne Streifen schneiden.
Die Trüffeln abtropfen lassen. Mit etwas Trüffelflüssigkeit die Salatsoße noch beliebig abschmecken. Die Trüffeln in hauchzarte Scheiben schneiden.
Den Bataviasalat putzen, zerpflücken, waschen und gründlich trockenschleudern. Die Blätter mundgerecht zerzupfen, dabei die harten Blattteile entfernen.
Das restliche Eiweiß in kleine Würfel schneiden.
Eine nicht zu hohe Salatschüssel mit knapp der Hälfte der Salatblätter auslegen. Darauf etwa ein Drittel der Artischockenstreifen und Trüffelscheiben streuen. Den restlichen Salat darüber verteilen. Die übrigen Artischokkenstreifen und Trüffelscheiben so darauf anrichten, daß in der Mitte ein großer freier Raum bleibt. Dahinein die Salatsoße geben und mit dem Eiweiß bestreuen.
Den Salat erst mischen, wenn zum erstenmal davon genommen wird.
Vorbereitungszeit: 20 Minuten
Zubereitungszeit: 10 Minuten

Nudelsalat „Italia"

250 g Möhren,
Salz,
Zucker,
500 g bunte Schleifchennudeln,
1 Eßlöffel Öl,
1 Packung tiefgekühlte Perlerbsen (300 g),
250 g gekochter Vorderschinken,
250 g echte Mortadella,
1 Bund Frühlingszwiebeln,
6 Fleischtomaten,
6 Stengel Bleichsellerie,
2 kleine Fenchelknollen,
2 Bund gemischte Kräuter der Saison (ersatzweise 3 Packungen Tiefkühl-Kräuter-Mischung),
3 Eßlöffel Kapern,
250 g Delikateßmayonnaise,
1 Becher Crème fraîche (200 g),
10 cl süße Sahne,
Cayennepfeffer,
200 g frisch geriebener Parmesankäse.

Die Möhren schälen und mit wenig Wasser, etwas Salz und Zucker zugedeckt in 25 Minuten weichkochen.
3 l Wasser sprudelnd aufkochen, salzen und die Nudeln darin in etwa 15 Minuten „al dente" (bißfest) kochen.
Gleichzeitig die Erbsen laut Packungsaufschrift garen.
Die fertigen Nudeln in einen Durchschlag schütten, mit kaltem Wasser gründlich abschrecken und gut abtropfen lassen.
Möhren und Erbsen ebenfalls abgießen und abkühlen lassen.
Während die Nudeln kochen, Schinken und Mortadella in kleine Würfel schneiden.
Die Frühlingszwiebeln putzen. Die hellen Teile fein hacken, das Grün in dünne Röhrchen schneiden.
Die Tomaten überbrühen, abschrecken, häuten, vierteln, entkernen und von den grünen Stengelansätzen befreien. Das Fruchtfleisch würfeln.
Sellerie und Fenchel putzen, das Grün waschen und abtropfen lassen. Den Sellerie in dünne Streifchen, den Fenchel in kleine Würfel schneiden.
Die Kräuter abspülen, trokkenschwenken und zusammen mit dem Sellerie- und Fenchelgrün hacken (Tiefkühlkräuter auftauen lassen).
Die Möhren mit einem Buntmesser in Scheiben

schneiden. Die Kapern abtropfen lassen.
Alle Zutaten in einer großen Schüssel mischen.
Mayonnaise und Crème fraîche mit der Sahne zu einer glatten Soße verrühren und mit Salz und Cayennepfeffer pikant abschmecken. Unter den Salat ziehen. Den Salat etwa 20 Minuten vor dem Servieren stehenlassen, dann mit Salz und Cayennepfeffer nachwürzen.
In eine Servierschale füllen. Den Käse in einem Extraschälchen danebenstellen, dann kann jeder Gast nach Belieben seinen Salat mit Käse bestreuen.

Traubensalat mit Roquefortsoße

500 g blaue Trauben,
500 g helle Trauben,
6 Stengel Bleichsellerie,
4 Kaiserbirnen,
2 säuerliche Äpfel (Jonathan),
3 Eßlöffel Zitronensaft,
150 g Feldsalat,
150 g Roquefortkäse,
1 Becher Crème fraîche (200 g),
4 Eßlöffel süße Sahne,
4 Eßlöffel Sherryessig,
3 Eßlöffel halbtrockener Sherry (Amontillado),
Salz, schwarzer Pfeffer aus der Mühle,
3 Eßlöffel Walnuß- oder Traubenkernöl,
50 g Walnußkerne.

Die Weintrauben waschen und abtropfen lassen.
Die Beeren von den Stielen zupfen, halbieren und entkernen.
Den Bleichsellerie putzen. Die Blatteile waschen und trokkentupfen. Stiele in ganz dünne Scheiben schneiden, die Blätter grob hacken.
Die gewaschenen Birnen und Äpfel vierteln, entkernen, von Blüten- und Stengelansätzen befreien und fein würfeln.
Rasch mit dem Zitronensaft vermischen.
Den Feldsalat putzen, gründlich waschen und trockenschleudern.
Den Roquefortkäse grob würfeln. Mit Crème fraîche, Sahne, 2 Eßlöffeln Sherryessig und dem Sherry im Mixer oder mit den Rührstäben des Handrührgeräts zu einer glatten Soße vermischen. Mit Salz und Pfeffer pikant würzen.
Weinbeeren, Sellerie, Birnen- und Apfelwürfel mit der Soße vermischen.
Eine Salatschale mit dem Feldsalat auskleiden und diesen mit dem restlichen Sherryessig und dem Walnußöl beträufeln. Darauf bergartig den Traubensaft anrichten. Mit Walnußkernen garnieren.

Vorbereitungszeit: 40 Minuten
Zubereitungszeit: 10 Minuten

Champignon-Avocado-Salat

200 g Lachsschinken in etwa 5 mm dicke Scheiben geschnitten,
6 Schalotten,
1/8 l frisch gepreßter Zitronensaft,
600 g Steinchampignons (Egerlinge) oder rosa Champignons,
4 große Avocados,
2 Teelöffel Korianderkörner,
6 Eßlöffel Himbeeressig oder Sherryessig,
1/4 Teelöffel Salz,
1/2 Teelöffel Zucker,
12 Eßlöffel Walnuß- oder Mandelöl,
grob geschroteter schwarzer Pfeffer.

Von dem Lachsschinken den Fettrand entfernen, den Schinken dann in Würfel schneiden.
Die Schalotten schälen und ganz fein hacken.
Den Zitronensaft in eine Schüssel geben.
Die Champignons einzeln nacheinander putzen, in dünne Scheiben schneiden und sofort mit dem Zitronensaft vermischen, damit sie sich nicht verfärben.
Die Avocados halbieren und jeweils die Steine herauslösen. Das Fruchtfleisch mit einem kleinen Kugelausstecher aus den Schalen heben.
Avocadokugeln und Lachswürfel miteinander vermischen.
Die Korianderkörner in einem Mörser mittelfein zerstoßen.
Den Essig mit Salz und Zucker verrühren, bis sich der Zucker ganz aufgelöst hat.
Dann unter ständigem Rühren mit dem Schneebesen 8 Eßlöffel Öl einlaufen lassen, so daß eine sämige Soße entsteht.
Die Champignons abtropfen lassen, eventuell mit Haushaltspapier abtupfen.
Die Scheiben sich dachziegelartig überlappend auf einer Servierplatte anrichten und mit dem restlichen Öl beträufeln. Mit dem Koriander bestreuen.
In die Mitte die Avocadokugeln mit dem Lachsschinken geben und mit der Soße übergießen. Nach Belieben noch Pfeffer darüberstreuen.

Vorbereitungszeit: 40 Minuten
Zubereitungszeit: 10 Minuten

Mein Tip: Große Pilze wie Steinchampignons kann man mit dem Eierschneider in Scheiben schneiden. Das erleichtert die Arbeit und ergibt schöne gleichmäßige Scheiben.

Heringssalat „Kopenhagen"

12 Matjesfilets (je etwa 80 g),
1 l Mineralwasser,
1 kleiner Weißkohl (etwa 750 g),
1 Eßlöffel Salz,
1 Eßlöffel Kümmel,
1 Eßlöffel Pfefferkörner,
4 säuerliche Äpfel (Boskop),
6 rote Zwiebeln,
¼ l saure Sahne,
¼ l süße Sahne,
6 Eßlöffel Rotweinessig,
reichlich schwarzer Pfeffer aus der Mühle,
300 g durchwachsenen Speck.

Die Matjesfilets nur wenn sie sehr salzig sind für etwa 30 Minuten in das Mineralwasser legen. Sonst nur abspülen und trockentupfen.
Mit einer Pinzette, wenn nötig, entgräten.
Während die Matjes wässern, den Weißkohl putzen und ganz fein hobeln.
In einem großen Topf reichlich Salzwasser zum Kochen bringen. Kümmel und Pfefferkörner in einen Mullbeutel einbinden und in den Topf geben. Wenn das Wasser sprudelnd kocht, den Kohl einlegen, 3 Minuten kochen lassen, dann in einen Durchschlag abgießen, abschrecken und abtropfen lassen, dabei kräftig ausdrücken.
Die gewaschenen Äpfel vierteln, schälen, entkernen, von Blüten- und Stengelansätzen befreien. Grob würfeln.
Die Zwiebeln schälen und in dünne Ringe schneiden.
Saure und süße Sahne mit dem Essig verrühren. Mit reichlich Pfeffer würzen.
Die abgetropften, entgräteten Matjesfilets schräg zur Faser in etwa 1 cm breite Streifen schneiden.
Alles in einer großen Schüssel mit der Soße vermischen.
Den Speck fein würfeln und bei nicht zu starker Hitze in einer Pfanne langsam auslassen. Etwa die Hälfte des Speckfetts abnehmen.
Den Salat in eine Servierschale füllen und mit dem heißen Speck übergießen.

Vorbereitungszeit
(ohne Zeit zum Wässern):
40 Minuten
Zubereitungszeit: 20 Minuten

Staudensellerie mit Käsesalat

- 2 Stauden Bleichsellerie,
- 1 Bund Radieschen,
- 6 kleine,
- schnittfeste Tomaten,
- 6 Schalotten,
- 2 Knoblauchzehen,
- 12 mit Pimiento gefüllte
- spanische Oliven,
- 50 g Butter,
- 450 g weißer Schafskäse,
- ¼ l süße Sahne,
- schwarzer Pfeffer
- aus der Mühle.

Die Selleriestauden putzen, dann in einzelne Stangen zerteilen, diese waschen und abtropfen lassen. Die zarten Blättchen abschneiden, trokkentupfen und fein hacken.
Die Radieschen putzen, waschen, abtrocknen und in dünne Scheiben schneiden.
Die Tomaten mit kochendem Wasser überbrühen, abschrecken, häuten, vierteln, entkernen und von den grünen Stengelansätzen befreien. Das Fruchtfleisch fein würfeln.
Die Schalotten und die Knoblauchzehen schälen. Die Schalotten hacken, den Knoblauch durch die Presse drücken.
Die Oliven abtropfen lassen und hacken oder in Scheiben schneiden.
Die Butter in einem Stieltopf schmelzen lassen.
Den Käse grob würfeln, in den Mixer geben und auf Stufe 1 langsam pürieren. Dabei zuerst die Butter, dann die Sahne einlaufen lassen.
Den Käse mit den übrigen Zutaten vermischen, mit Pfeffer abschmecken, auf eine große Platte häufen und mit den Selleriestangen umlegen.
Oder man gibt die Käsemasse in einen Spritzbeutel mit großer glatter Tülle und spritzt sie in die Selleriestangen, dann müssen die Radieschen jedoch gehackt werden.

Vorbereitungszeit:
30 Minuten
Zubereitungszeit:
10–15 Minuten

Kalbfleischsalat

- 1000 g fertiger Kalbsbraten,
- 1 Bund glatte Petersilie,
- ½ Bund Kerbel,
- 1 Bund Schnittlauch,
- 200 g selbstgemachte
- Mayonnaise (siehe Seite 44)
- oder Delikateßmayonnaise,
- 3 Eßlöffel süße Sahne,
- 12 schwarze Oliven,
- 5 Sardellenfilets,
- 2 Eßlöffel Kapern,
- 2 Eßlöffel Zitronensaft,
- 2 Eßlöffel Cognac oder
- Weinbrand,
- 8 Eßlöffel kaltgepreßtes
- Olivenöl,
- 2 Eßlöffel Rotweinessig,
- schwarzer Pfeffer
- aus der Mühle,
- 1 Zitrone.

Den Kalbsbraten in etwa 5 mm dicke Scheiben, dann in 2 cm breite Streifen schneiden.
Die Kräuter waschen und trockentupfen. Petersilie und Kerbel hacken, Schnittlauch in Röllchen schneiden. Mit der Mayonnaise und der Sahne verrühren.
Die Oliven entkernen, die Sardellenfilets unter kaltem Wasser abspülen, dann trokkentupfen.
Zusammen mit den Kapern, dem Zitronensaft, Cognac oder Weinbrand, Öl und Rotweinessig in den Mixer geben und zu einer glatten Soße verarbeiten (oder den Schneidstab des Handrührgeräts verwenden).
Die Soße mit Pfeffer abschmecken.
Die Kalbfleischstreifen auf einer flachen Platte nebeneinander anrichten. Die helle und die dunkle Soße gitterartig darauf geben.
Die Zitrone in Schnitze teilen und die Platte damit garnieren.

Vorbereitungszeit
(ohne Mayonnaise):
30 Minuten
Zubereitungszeit: 10 Minuten

Auf das Salatbüfett gehören außerdem verschiedene Brotsorten, wie Baguette, Vollkornbrot, Pumpernickel, helles Bauernbrot und 3 Knäckebrotsorten. Dazu Butterkügelchen, die am besten in einer Schale auf einem Bett aus Eiswürfeln angerichtet werden, und Griebenschmalz.
Als Getränke können Gemüsesäfte, Mineralwasser, Bier und trockener, aber nicht zu schwerer Weißwein gereicht werden.

Deftig-Kräftiges zum Sattessen

Da lacht das Herz des Gourmets, und der Gourmand kommt auf seine Kosten! Gastgeber(innen) zaubern aus den leckersten Zutaten Salate, denen auch „Linientreue“ nicht widerstehen können.

Gänsesalat mit Maronen und Äpfeln

- 400 g Reste von Gänsebraten,
- 200 g Maronen aus der Dose,
- 15 g Butter,
- 1 kleiner Kopf Endiviensalat,
- 2 Knoblauchzehen,
- 100 g Delikateßmayonnaise oder selbstgemachte (siehe Seite 26)
- 4 Eßlöffel süße Sahne,
- 2 Eßlöffel Joghurt,
- Salz,
- 3 Eßlöffel feines Speiseöl,
- 2 Eßlöffel Zitronensaft,
- 1 Prise Zucker,
- weißer Pfeffer aus der Mühle,
- 2–3 große, säuerliche Äpfel (Jonathan, Boskop).

Die Gänsebratenreste (ohne Haut) in etwa 2 cm große Würfel schneiden.
Die Maronen abtropfen lassen und in der heißen Butter rundherum leicht bräunen.
Den Endiviensalat putzen. Nur die hellen Innenblätter verwenden. Die Blätter waschen und in einem Durchschlag gründlich abtropfen lassen.
Die Knoblauchzehen schälen und durch die Presse drücken. Zu der Mayonnaise geben und diese mit Sahne und Joghurt verrühren. Mit Salz pikant würzen.
Das Öl und den Zitronensaft verrühren und mit Zucker, Pfeffer und Salz abschmecken.
Die Äpfel waschen, vierteln und von Blüten- und Stengelansätzen sowie den Kerngehäusen befreien. Dann grob raffeln. Rasch mit dem Gänsefleisch, den Maronen und der Knoblauchsoße vermischen.
Die Endivienblätter auf einer großen Servierplatte anrichten oder eine Schale damit auskleiden. Mit Essig-Öl-Soße beträufeln (oder vor dem Anrichten Soße und Salat vermischen). Den Gänse-Maronen-Salat in die Mitte geben und den Salat rasch servieren.

Dazu schmeckt Vollkornbrot mit gesalzener Butter. Man kann aber auch Roggenbrötchen dazu reichen. Als Getränk passen sowohl ein leichter, aber trockener Rotwein als auch ein Bier.

Vorbereitungszeit:
25 Minuten.
Zubereitungszeit:
15 Minuten.

Variationen: Sie können diesen Salat mit den Resten von allen Wildbraten bereiten oder mit gebratenem Entenfleisch.
Wenn Sie zum Beispiel ein Gericht nur aus Entenbrüstchen servieren wollen, jedoch nur ganze Enten kaufen können, wird der Salat am nächsten Tag aus dem Keulenfleisch und den von der Karkasse abgelösten Fleischresten zubereitet.

Mein Tip: Nicht jeder schätzt den Geschmack von Knoblauch. Darum probieren Sie den Salat doch einmal mit dieser Soße: 125 g Mayonnaise mit dem Saft und der abgeriebenen Schale einer unbehandelten Orange vermischen. Mit weißem Pfeffer, Salz, etwas gemahlenem Koriander und 1 cl Orangenlikör abschmecken.
Die Soße ist vor allem dann geeignet, wenn statt Gänsefleisch Reste von Reh- oder Frischlingsbraten für den Salat genommen werden.

Geflügelsalat mit Gemüsen

½ Packung tiefgekühlte Perlerbsen (150 g),
Salz,
250 g junge Möhren,
1 gegrilltes Hähnchen (fertig gekauft),
2 mittelgroße Fenchelknollen,
3 Stengel Bleichsellerie,
2 Schalotten,
1 großes Bund Dill,
150 g Delikateßmayonnaise oder selbstgemachte (siehe Seite 26),
3 Eßlöffel süße Sahne,
1 Eigelb,
1–2 Eßlöffel scharfer Senf, (Dijonsenf),
1 Prise Zucker,
einige Tropfen Zitronensaft.

Die Erbsen in ganz wenig Salzwasser zugedeckt in etwa 6 Minuten garen, sie sollen dabei nicht zu weich werden. Auf einem Sieb abtropfen und abkühlen lassen.
Die Möhren schälen oder schaben und in ganz feine Streifen oder winzige Würfel schneiden. In sprudelnd kochendem Salzwasser 3 Minuten blanchieren, gut abtropfen und abkühlen lassen.
Von dem Hähnchen nach Belieben die Haut abziehen. Das Fleisch von den Knochen lösen und in kleine, mundgerechte Würfel schneiden.
Fenchelknollen und Bleichsellerie putzen, das Grün abschneiden und beiseite legen. Fenchel und Sellerie waschen und abtropfen lassen, dann beide in ebenso große Würfel schneiden wie die Möhren.
Die Schalotten schälen und sehr fein hacken. Den Dill abspülen, trockentupfen und grob hacken.
Für die Soße Mayonnaise, Sahne, Eigelb und Senf mit dem Schneebesen verrühren. Mit Salz, Zucker und nach Belieben etwas Zitronensaft abschmecken.
Fenchel- und Selleriegrün abspülen, trockentupfen und hacken. Die Hälfte davon ebenso wie den Dill unter die Soße heben.
Die Salatzutaten mit der Soße vermischen. Den Salat 10 Minuten durchziehen lassen, dann eventuell mit etwas Salz nachwürzen.
In eine Servierschale füllen und mit dem restlichen Fenchel- und Selleriegrün bestreuen.
Dazu schmeckt frisch gerösteter Toast oder ofenwarmes Baguette besonders gut.

Vorbereitungszeit:
35 Minuten.
Zubereitungszeit:
15 Minuten.

Variationen: Mit Geflügelsalatvariationen könnte man eigentlich fast ein ganzes Buch füllen. Aber einige ragen doch als ganz besonders delikat aus der Masse heraus. Natürlich können Sie Geflügelsalat auch mit dem Fleisch eines gekochten Huhns bereiten. Nehmen Sie aber lieber eine Poularde statt eines Suppenhuhns. Auch sie ergibt eine gute, kräftige Brühe, die für eine andere Mahlzeit als Suppengrundlage dienen kann.

Geflügel-Gurken-Salat

Das in Würfel oder dünne Scheiben geschnittene Geflügelfleisch mit ½ in Scheiben geschnittenen Gurke und 150 g geputzten, ebenfalls in Scheiben geschnittenen rohen Champignons mischen.
Dazu eine Soße aus Crème fraîche, etwas Sahnejoghurt, reichlich durchgepreßtem Knoblauch und gehacktem Basilikum bereiten. Den Salat mit einigen Würfeln von abgezogener Tomate bestreuen.

Geflügelsalat auf chinesische Art

50 g getrocknete Morcheln in lauwarmem Wasser ausquellen lassen. 1–2 Möhren, 200 g Bambussprossen aus der Dose und 200 g Weißkohl in ganz feine Streifen schneiden. Zusammen mit 150 g gewaschenen und abgetropften Sojabohnenkeimen und den abgetropften Morcheln unter das Fleisch mischen.
Eine pikante Soße aus Essig (sehr gut geeignet ist Reisessig), Sojasoße, Erdnußöl, Reiswein oder trockenem Sherry und etwas Sambal oelek oder Cayennepfeffer bereiten.

Geflügelsalat mit Avocados

1 Avocado in Würfel schneiden und rasch mit etwas Zitronensaft vermischen. 200 g Palmitos (Palmherzen) abtropfen lassen und in etwa 1 cm dicke Scheiben schneiden. Beides zusammen mit 200 g grünem Spargel aus der Dose mit dem Hühnerfleisch mischen.
Eine Soße aus je 1 Teil Mayonnaise, Crème fraîche und halbsteif geschlagener süßer Sahne unterziehen. Mit Salz, weißem Pfeffer, Zitronensaft und etwas Senfpulver würzen. Mit Brunnenkresse oder Basilikum garnieren.

Apfel-Weißkraut-Salat „Caroline“

1 kleiner Weißkohl (etwa 500 g),
2 große, säuerliche Äpfel (Boskop, Jonathan),
3 Schalotten,
8 Eßlöffel feines Speiseöl (kaltgepreßtes Olivenöl oder Distelöl),
5 Eßlöffel Weinessig,
Salz,
schwarzer Pfeffer aus der Mühle,
¼ Teelöffel gemahlener Kümmel,
Zucker,
⅛ l trockener Weißwein,
1 rosa Grapefruit,
1 unbehandelte Limette,
½ rote Paprikaschote,
1 kleine grüne Paprikaschote,
2 reife, aber feste Bananen,
¼ Teelöffel scharfer Senf.

Den Weißkohl putzen, dann ganz fein hobeln. Dabei die Strünke entfernen.
Die Äpfel schälen, vierteln, entkernen und von Blüten- und Stengelansätzen befreien, dann in etwa 3 mm dicke Schnitze teilen.
Die Schalotten schälen und fein hacken. 1 Schalotte zugedeckt beiseite stellen. Die restlichen Schalotten in einem Topf in 2 Eßlöffeln Öl glasig braten. Weißkohl und Äpfel abwechselnd einschichten. Dabei den Kohl jeweils mit etwas Essig beträufeln, mit Salz, Pfeffer und Kümmel bestreuen.
Zum Schluß eine kleine Prise Zucker darüberstreuen und den Wein angießen. Den Wein zum Kochen bringen und die Kohl-Apfel-Mischung 5 Minuten im geschlossenen Topf schmoren. Dann abkühlen lassen.
Die Grapefruit schälen. Die Limette unter fließendem Wasser abbürsten, dann die Schale mit einem Juliennekratzer abziehen und die pelzige Innenhaut abziehen. Grapefruit- und Limettenfilets mit einem scharfen Messer aus den dünnen Häutchen lösen.
Die Paprikaschoten putzen, waschen und in kleine Würfel oder dünne Streifen schneiden. Die Bananen schälen und in Scheiben schneiden. Aus dem restlichen Essig und Öl mit dem Senf eine Soße rühren. Mit etwas Zucker, Salz und Pfeffer würzen.
Grapefruit- und Limettenstücke, Limettenschale, Paprika, Bananen und die zurückgestellte Schalotte mit der Soße vermischen.
Eine Salatschale mit dem erkalteten Weißkohl-Apfel-Salat auskleiden, den Sud darübergießen und den Grapefruitsalat in die Mitte geben.

Zu dem Salat Vollkornbrot und Butter servieren.
Man kann dazu aber auch gegrillte Schweinerippchen oder gebratene Hähnchenschlegel reichen.

Vorbereitungszeit:
ohne Zeit zum Abkühlen
35 Minuten.
Zubereitungszeit:
10 Minuten.

Variation: Den Grundsalat kann man auch aus Sauerkraut und Äpfeln bereiten. Sauerkraut aus der Dose braucht nur einmal kurz aufzukochen, frisches Kraut vom Faß sollte man hingegen 10 Minuten schmoren.
Oder man gibt statt des Grapefruitsalats eine Mischung aus Ananaswürfeln und gehäuteten Blutorangenstücken an den Grundsalat. Dann eine pikante Soße aus Crème fraîche, Senf und Orangensaft darübergießen. Mit gehackten Pistazien oder Walnußkernen bestreuen.

Bremer Heringssalat

5 Matjesfilets (je etwa 60 g),
250 g Kalbfleisch,
250 g mageres Schweinefleisch,
Salz, weißer Pfeffer aus der Mühle,
40 g Kokosfett,
250 g rote Bete,
250 g Kartoffeln,
Kümmel,
1 Sellerieknolle (200 g),
3 küchenfertige Bismarckheringe,
3 Boskop-Äpfel,
3 Gewürzgurken,
5 hartgekochte Eier,
2 Eßlöffel Kapern,
8 Eßlöffel Weizenkeimöl,
5 Eßlöffel Essig,
Zucker.

Die Matjesfilets mit einer Pinzette vorsichtig entgräten, dann etwa 30 Minuten in Mineralwasser oder dünnem schwarzen Tee wässern (aber nur, wenn sie sehr salzig sind).
Kalbfleisch und Schweinefleisch kurz abspülen, mit Haushaltspapier trockentupfen, mit Salz und Pfeffer einreiben und getrennt voneinander in dem heißen Kokosfett rundherum braun anbraten.
Mit ganz wenig heißem Wasser umgießen und zugedeckt etwa 30 Minuten schmoren lassen. Dann abkühlen lassen und den Schmorfond aufheben.
Während das Fleisch gart, die übrigen Zutaten vorbereiten. Rote Beten und Kartoffeln waschen. Dann getrennt voneinander in jeweils mit Salz und Kümmel gewürztem Wasser garen. Die roten Beten brauchen etwa 35 Minuten Garzeit, die Kartoffeln 25 Minuten. Dann jeweils rasch abgießen, abschrecken und pellen bzw. schälen. Sobald die Kartoffeln und die roten Beten abgekühlt sind, sehr fein würfeln.
Den Sellerie ebenfalls abbürsten und in 35 Minuten in Salzwasser garen. Dann auch abschrecken, schälen und nach dem Abkühlen würfeln.
Die Matjesheringe abtropfen lassen und mit Haushaltspapier trockentupfen. Die Bismarckheringe halbieren und häuten. Beide ebenso wie die zuvor geschälten, geviertelten und entkernten Äpfel, die Gewürzgurken und die gepellten Eier würfeln.
Alle vorbereiteten Salatzutaten und die Kapern mit ihrer Flüssigkeit in einer großen Schüssel mischen. Mit dem Öl und beliebig viel Bratensaft mischen und mit Essig, Salz und Pfeffer abschmecken.

Den Salat mindestens 6, besser noch 12 Stunden durchziehen lassen, dann eventuell nachwürzen und noch etwas Öl hinzufügen. In eine Servierschale umfüllen und mit frisch geröstetem Toastbrot servieren.

Dazu schmeckt ein leichter trockener Weißwein (Ruländer oder Müller-Thurgau) ebenso wie ein kühles Bier.

Vorbereitungszeit:
ohne Zeit zum Abkühlen
90 Minuten.
Zubereitungszeit:
15 Minuten.

Hinweis: In meiner Familie wird dieser Salat traditionell am Heiligen Abend serviert. Er wird aber in weit größerer Menge zubereitet und dann in kleinen Portionen an den nachfolgenden Tagen als Teil des Abendessens gereicht, wo er einen willkommenen Gegensatz zu all den süßen Leckereien, die man so tagsüber genießt, bildet. Wenn der Salat kühl gelagert wird, hält er bis Silvester. Der Salat ist auch hervorragend als Teil eines Schlemmerbüfetts geeignet und leistet auch gute Dienste bei einem Katerfrühstück (z. B. am Neujahrsmorgen). In Hamburg kennt man eine ähnliche Version, bei der allerdings auf das Schweinefleisch verzichtet wird, und die man mit einer milden Mayonnaisensoße bereitet.

Ungarischer Wurstsalat

200 g echte ungarische Kolbasz (Paprikawurst),
2 grüne Paprikaschoten,
2 rote Paprikaschoten,
2 kleine Zwiebeln oder 3 Schalotten,
6 schnittfeste Tomaten,
4 hartgekochte Eier,
½ Bund glatte Petersilie,
1 Knoblauchzehe,
1 Eßlöffel Kräuteressig,
3 Eßlöffel dicke saure Sahne oder Crème fraîche,
2 Eßlöffel süße Sahne,
2 Eßlöffel Delikateß-mayonnaise,
Salz, Paprika rosenscharf,
50 g grob geraffelter Emmentaler Käser,
1 Eßlöffel Schnittlauchröllchen.

Von der Wurst die Pelle abziehen, die Wurst dann in sehr dünne Scheiben schneiden.
Die Paprikaschoten waschen, an den „Nahtstellen" aufschneiden, von Samensträngen und Stengelansätzen befreien und fein würfeln.
Die Zwiebeln oder Schalotten schälen und in feine Ringe schneiden oder hacken.
Die Tomaten mit kochendem Wasser überbrühen, abschrecken, häuten, vierteln, entkernen und von den grünen Stengelansätzen befreien.
Die Tomatenviertel nochmals längs halbieren.
Die Eier schälen und mit dem Eierschneider in Scheiben schneiden.
Die Petersilie abspülen, trockenschwenken und fein hacken.
Die geschälte Knoblauchzehe durch die Presse drücken.
Kräuteressig, saure Sahne, süße Sahne und Mayonnaise zu einer glatten Soße verrühren. Mit Salz und Paprika pikant würzen. Petersilie und Knoblauch unterrühren.

Die Paprikaschoten, Zwiebeln und Tomaten mit der Soße vermischen.
In einer flachen Servierschale abwechselnd Ei- und Wurstscheiben anrichten und die Salatmischung in die Mitte geben. Alles mit Käse und Schnittlauch bestreuen.

Dazu deftiges Bauernbrot mit Schmalz und kühles Bier oder einen kräftigen roten Landwein servieren.

Vorbereitungszeit:
20 Minuten.
Zubereitungszeit:
10 Minuten.

Mein Tip: Wenn Sie die sehr pikante echte Kolbasz nicht bekommen können, nehmen Sie statt dessen echte ungarische Salami, und bestreuen Sie die Scheiben mit ganz fein gehackter, zuvor entkernter grüner Chilischote oder der kleinen grünen, sehr scharfen ungarischen Paprikaschote, die es manchmal auch bei uns im Handel gibt.

Eiersalat „Hawaii“

200 g frische
oder tiefgekühlte Scampi,
½ frische Ananas,
200 g Palmenherzen
(Palmitos) aus der Dose,
3 etwa 5 mm dicke Scheiben
magerer gekochter Schinken,
6 hartgekochte Eier,
3 Eßlöffel Mayonnaise,
3 Eßlöffel Crème fraîche,
1 Eßlöffel Tomatenketchup,
2 Eßlöffel süße Sahne,
1 Eßlöffel Cognac,
2 Eßlöffel Orangensaft,
Salz, Cayennepfeffer,
½ Kopfsalat,
2 feste Tomaten,
einige Kerbelblättchen oder
1 Teelöffel gehackte Petersilie.

Tiefgekühlte Scampi auftauen lassen. Die Scampi in einem Durchschlag kurz kalt abspülen, dann gründlich abtropfen lassen.
Die Ananas gründlich schälen, mit einem spitzen Messer die „Augen“ herausschneiden, die Frucht dann längs achteln, von dem harten Innenkern befreien und in dünne Stückchen schneiden.
Die Palmenherzen abtropfen lassen und in etwa 1 cm dicke Scheiben schneiden.
Den Schinken würfeln. Die Eier schälen und mit dem Eischneider in Scheiben teilen.
Aus Mayonnaise, Crème fraîche, Tomatenketchup, Sahne, Cognac und Orangensaft eine Soße rühren. Mit Salz und Cayennepfeffer pikant würzen.
Die Salatzutaten vorsichtig mit der Soße vermischen, damit die Eischeiben nicht zerbrechen.
Den Kopfsalat zerpflücken, die Blätter waschen und trockenschleudern. Eine Servierschale damit auslegen und den Salat hineinfüllen.
Die Tomaten mit kochendem Wasser überbrühen, abschrecken, häuten, achteln, entkernen und von den grünen Stengelansätzen befreien.
Den Kerbel waschen, trockentupfen und die Blättchen von den Stielen zupfen.
Den Salat mit Tomatenachteln und Kerbelblättchen oder Petersilie garnieren.
Dazu frisches Stangenweißbrot oder Toast mit Butter und einen leichten, trockenen Weißwein (z. B. Müller-Thurgau, Clevner) servieren.

Vorbereitungszeit:
ohne Zeit zum Auftauen
25 Minuten.
Zubereitungszeit:
15 Minuten.

Mein Tip: Bei Eiersalaten ist es sehr wichtig, daß die Eier auf den Punkt genau gekocht werden. Bei zu weichen Eiern zerläuft das Eigelb, bei zu harten wird es krümelig. Eier der Gewichtsklasse 3 sind nach 10 Minuten genau richtig. Je höherer Gewichtsklasse gibt man jeweils 1 Minute Kochzeit dazu, bei niedrigeren Gewichtsklassen zieht man je Klasse 1 Minute ab.

Eiersalat „Emmental“

Die geschälten, in Scheiben geschnittenen Eier mit 150 g in feine Stifte geschnittenem Emmentaler Käse, 150 g feingewürfeltem Bierschinken, 200 g frisch gekochten, in Scheiben geschnittenen Pellkartoffeln, 2 gehackten Gewürzgurken, 2 gehackten Schalotten, 1 Eßlöffel Kapern und reichlich frischen, gehackten Kräutern mischen. Dazu eine Soße aus saurer Sahne, Zitronensaft und etwas Mayonnaise bereiten. Mit gewürfelten Tomaten oder roh geraspelten jungen Möhren garnieren.

Was sonst noch zu Eiern paßt:

gekochte Erbsen und Thunfisch;
Spargelstücke, Mandarinorangen und feingewürfelter Lachsschinken;
gekochtes Rindfleisch, rote und grüne Paprikaschoten und grüne Oliven;
echter Räucherlachs und Brokkoliröschen.

Bücklingsalat

- 4 Eier,
- ⅛ l süße Sahne,
- 6 Eßlöffel Milch,
- Salz, weißer Pfeffer aus der Mühle,
- geriebene Muskatnuß,
- Butter oder Margarine zum Einfetten,
- 2 Bücklinge (je etwa 250 g),
- 200 g frisch gekochte Pellkartoffeln,
- ½ Salatgurke,
- 1 Bund Radieschen,
- 1 großes Bund Brunnenkresse,
- 2 säuerliche Äpfel (Boskop),
- 5 Eßlöffel Distel- oder Weizenkeimöl,
- 3 Eßlöffel sehr milder Essig,
- 1 Prise Zucker,
- 1 Eßlöffel kleine Kapern.

Die Eier mit der Sahne und der Milch verquirlen. Mit Salz, Pfeffer und Muskatnuß abschmecken.
Eine nicht zu hohe feuerfeste Form mit Butter oder Margarine einfetten. Die Eimasse hineinfüllen und mit Alufolie abdecken. In einem nur leise simmernden Wasserbad in 20–25 Minuten stocken lassen.
In der Zwischenzeit die Bücklinge häuten, das Fleisch vorsichtig von der Mittelgräte ablösen, dann in nicht zu große Stücke zerteilen. Mit einer Pinzette die kleinen Gräten herausziehen.
Die Kartoffeln pellen und die gewaschene Gurke halbieren und entkernen. Kartoffeln und Gurke in ganz feine Würfel schneiden.
Die Radieschen putzen, waschen und in Scheiben schneiden.
Die Brunnenkresse von ihrem Wurzelwerk befreien, sehr

gründlich in mehrfach gewechseltem Wasser waschen, gut abtropfen lassen.
Die Äpfel waschen, vierteln, schälen, entkernen, von Blüten- und Stengelansätzen befreien und ebenfalls würfeln.
Aus Öl und Essig eine Soße rühren und mit wenig Salz, reichlich Pfeffer und Zucker abschmecken.
Den Eierstich stürzen, etwas abkühlen lassen, dann in etwa 5 mm dicke Scheiben und anschließend in Rhomben schneiden.
Eine Schüssel mit den Brunnenkresseblättern auslegen. Die übrigen Salatzutaten, außer den Kapern mit der Soße vermischen und auch in die Schüssel geben. Den Salat mit den Kapern bestreuen und sofort servieren.

Dazu ein kräftiges Würzbrot mit gesalzener Butter reichen. Als Getränk ist ein Bier besonders angebracht.

Vorbereitungszeit:
35 Minuten.
Zubereitungszeit:
ohne Zeit zum Abkühlen
10 Minuten.

Variationen: Statt mit Bücklingen kann man diesen Salat auch mit Schillerlocken oder Kieler Sprotten bereiten. Schillerlocken sind – da grätenfrei – besonders problemlos in der Zubereitung.
Anders ist das mit Kieler Sprotten. Weil sie ja ganz erheblich kleiner als Bücklinge sind, haben sie auch winzige Gräten, die man besonders sorgfältig herauszupfen muß. Sprotten sind aber von ganz besonders feinem Geschmack.
Wer den etwas deftigeren Rauchgeschmack liebt, kann auch geräucherte Makrelenfilets für den Salat verwenden.
Wenn Sie keine Brunnenkresse bekommen, nehmen Sie statt dessen jungen Blattspinat oder (wie auf dem Foto) zarten Bataviasalat und geben ½ Kästchen Gartenkresse an den Salat.

Dietrichsalat

8 Artischockenböden,
8 Artischockenherzen,
6 kleine, schnittfeste Tomaten,
4 Schalotten,
4 Stengel Bleichsellerie,
200 g kleine frische Steinchampignons (Egerlinge),
100 g Delikateßmayonnaise,
2 Eßlöffel Apfelmus,
4 Eßlöffel süße Sahne,
1–2 Eßlöffel geriebener Meerrettich aus dem Glas,
etwas Paprika edelsüß,
Salz, Zucker,
2 kleine Salatköpfe,
2 hartgekochte Eier,
2 Eßlöffel Kräuteressig,
3 Eßlöffel feinstes Speiseöl,
1 Eßlöffel Schnittlauchröllchen, oder 1/4 Kästchen Kresse.

Die Artischockenböden und -herzen abtropfen lassen und vierteln.
Die Tomaten mit kochendem Wasser überbrühen, häuten, vierteln und von den grünen Stengelansätzen befreien. Die Schalotten schälen und fein hacken oder in dünne Ringe schneiden.
Den Sellerie putzen, waschen und abtropfen lassen. Die Stengel in 1 cm große Stücke schneiden, die Blätter nicht zu fein hacken.
Die Pilze putzen, nur wenn nötig waschen, dann mit einem Küchentuch gründlich abtrocknen. In ganz feine Scheiben schneiden.
Mayonnaise, Apfelmus und Sahne zu einer glatten Soße verrühren. Mit beliebig viel Meerrettich, Paprika, Salz und Zucker würzen. Unter den Salat mischen.
Die Salatköpfe von den kräftigen Außenblättern befreien, so daß nur die hellen Innenblätter übrig sind. Jeden Salat vierteln. Die Salatherzenviertel gründlich unter fließendem Wasser abspülen und gut abtropfen lassen.
Die Eier schälen und vierteln. Essig und Öl verrühren und mit etwas Salz würzen.
Die Salatherzen auf einer großen Servierplatte anrichten, zwischen jeweils 2 Achtel 1 Eiviertel legen. Salat und Eier mit der Essig-Öl-Soße beträufeln und mit Schnittlauch oder den zuvor abgespülten, trockengeschwenkten und abgeschnittenen Kresseblättchen bestreuen.

Den Salat in der Meerrettichsoße in die Mitte häufen.
Der Salat schmeckt mit einem selbstgebackenen Kräuterbrot besonders gut.
Als Getränk einen leichten, trockenen Weißwein reichen.

Vorbereitungszeit:
20 Minuten.
Zubereitungszeit:
15 Minuten.

<u>Mein Tip:</u> Wenn Sie diesen sehr delikaten Salat als Teil eines kalten Büfetts servieren möchten, sollten Sie alle Zutaten recht klein würfeln, dann statt mit Salatherzen und Eiern in einer ausgehöhlten Salatgurke servieren.
Der Salat eignet sich auch sehr gut als Vorspeise, dann ist die angegebene Menge für 6–8 Personen ausreichend.
Er wird in ausgehöhlte Tomaten gefüllt und mit je 1 Eischeibe und ½ gefüllten Olive garniert.

Griechischer Bauernsalat

(Salata horiatiki)

500 g vollreife,
aber feste Tomaten,
1 grüne Paprikaschote,
1 rote Paprikaschote,
1 kleine Salatgurke,
1 Bund Frühlingszwiebeln,
75 g grüne und
75 g schwarze Oliven,
8 Anschovisfilets,
200 g fester weißer
Schafskäse,
6 Stengel frischer Majoran,
6 Stengel frischer Thymian,
8 Eßlöffel kaltgepreßtes
Olivenöl (Jungfernöl),
3 Eßlöffel Kräuteressig,
1–2 Knoblauchzehen,
Salz, schwarzer Pfeffer
aus der Mühle.

Tomaten und Paprikaschoten waschen und abtropfen lassen. Die Tomaten in Achtel schneiden, dabei die grünen Stengelansätze entfernen. Die Paprikaschoten vierteln, von Stengelansätzen und Samensträngen befreien und die Viertel quer in dünne Streifen schneiden.
Die Salatgurke unter fließendem Wasser abbürsten und in nicht zu dünne Scheiben schneiden.
Die Frühlingszwiebeln putzen und in 5 mm dicke Ringe schneiden. Grüne und schwarze Oliven abtropfen lassen.
Die Anschovisfilets unter fließendem Wasser abspülen und mit Haushaltspapier trockentupfen. Dann eventuell längs halbieren.
Den Schafskäse in etwa 2 cm große Würfel schneiden.
Majoran und Thymian abspülen, trockentupfen und die Blättchen von den Stielen zupfen.
Alles in einer großen Schüssel miteinander vermischen.
Öl und Essig zu einer glatten Soße verrühren.
Den Knoblauch schälen und durch die Presse in die Soße rühren und diese mit Salz abschmecken. Die Soße unter den Salat heben.
Den Salat mit reichlich Pfeffer übermahlen und servieren.

An heißen Sommertagen wird dieser Salat in Griechenland nur mit frischem Brot als Mittags- oder Abendmahlzeit gegessen. Dazu schmeckt ein leichter, trockener Weißwein oder ein kühler Rosé.

Vorbereitungszeit:
20 Minuten.
Zubereitungszeit:
10 Minuten.

Variationen: Eigentlich kann der Salat mit allen beliebigen Gemüsen der Saison zubereitet werden. In einigen Gegenden Griechenlands gibt man noch rohe oder nur kurz in Öl gedünstete Zucchinischeiben dazu, in anderen liebt man den Salat mit grünen Bohnenkernen (von dicken Bohnen) oder gekochten Brechbohnen.
Man kann auch eingesalzenes, gestampftes Weißkraut oder statt der Frühlingszwiebeln gewöhnliche Zwiebeln hinzufügen.
Wichtig ist jedoch, daß immer Oliven und Schafskäse an den Salat gegeben werden, auch wenn er als Beilage zu gegrilltem oder gekochtem Fleisch, zu gebratenem oder gegrilltem Fisch serviert wird.

Kartoffelsalat-variationen

Kartoffelsalatrezepte gibt es wie Knollen in einem Fünf-Kilo-Beutel. Und die sind hier nicht alle unterzubringen. Wohl aber die Grundzubereitung und einige leckere Abwandlungen.
Übrigens gibt es bei Kartoffelsalat ein deutliches Nord-Süd-Gefälle: Während man im Norden im allgemeinen die festen Salatkartoffeln bevorzugt, die dann mit einer Mayonnaisesoße angemacht werden, liebt man es im Süden häufig musiger. Speziell in Baden gibt es einen Salat, der aus so dünn geschnippelten Kartoffelscheiben besteht, daß der fertige Salat fast wie ein grober Brei aussieht – jedoch herrlich schmeckt.
Grundsätzlich werden für Salate die zuvor gewaschenen Kartoffeln als Pellkartoffeln gekocht. Dabei sollte man darauf achten, daß die Knollen möglichst gleich groß sind, damit sie auch gleichmäßig garen. Zu dem Kochwasser gibt man reichlich Salz, nach Belieben noch Kümmel und/oder Dillsamen.
Die gegarten Kartoffeln werden abgegossen, abgeschreckt und sofort gepellt.
Will man einen „weichen" Salat, müssen die Kartoffeln sofort heiß geschnitten und mit gut ⅛ l kochendheißer, sehr kräftig gewürzter Fleischbrühe (aus Extrakt oder Würfeln) begossen werden, die von den Kartoffeln rasch aufgesogen wird.
⅛ l Brühe ist für die als Beilage übliche Grundmenge von 1000 g Kartoffeln berechnet, kann aber beliebig mehr sein.
Will man einen „festen" Salat mit Mayonnaisesoße, gibt man nur ⅒ l heiße Fleischbrühe an mehlig-festkochende Kartoffeln.
Bei Salatkartoffeln jedoch sollte man auf die Brühe verzichten, weil sie nur schwer von den Kartoffeln aufgenommen wird, die Soße also „suppig" werden kann.

Einfacher Kartoffelsalat

Zu der mit Brühe bereiteten Grundmasse gibt man 1–2 feingehackte Zwiebeln und nach Belieben noch 1 feinzerdrückte Knoblauchzehe und läßt den Salat abkühlen.
Der Salat wird dann mit einer Soße aus etwa 4 Eßlöffeln Wein- oder Kräuteressig, 1 Teelöffel Senf, 1 Prise Zucker, schwarzem Pfeffer und 6–8 Eßlöffeln Weizen- oder Maiskeimöl vermischt.
(Vom Würzen mit fertigen Würzsoßen ist abzuraten, sie können z. T. ein sehr intensives Eigenaroma entwikkeln.)
Den fertigen Salat dann mit gehackter Petersilie, gehacktem Kerbel oder Schnittlauchröllchen bestreuen.
Zu diesem einfachen Kartoffelsalat schmecken deftiger Schweinebraten, kräftige Grillfleischsorten, Hackbraten, Frikadellen, gebratene Würstchen oder Brühwürstchen, panierte Fischfilets und (für Kinder) Fischstäbchen.

Vorbereitungszeit:
mit Kochzeit 40 Minuten.
Zubereitungszeit: 10 Minuten.

Kartoffelsalat mit Löwenzahn

Den einfachen Kartoffelsalat statt mit Kräutern mit etwa 75 g jungen Löwenzahnblättern vermischen und mit den Grieben von 100 g durchwachsenem Speck bestreuen. Eventuell auch pochierte, geschlossene Blüten hinzufügen.
Den Salat zu Kochfisch und zu Schweinebraten mit Kruste servieren. In Baden gibt es dazu Schäufele (gekochte oder in Folie gegarte geräucherte und gepökelte Schweineschulter).

Kartoffelsalat mit Gurken

Einfachen Kartoffelsalat nur aus 600 g Kartoffeln bereiten, dann mit 1 ungeschälten, in Würfel geschnittenen Salatgurke mischen. Auf das Öl verzichten und statt dessen ⅛ l saure Sahne unterrühren. Den Salat mit reichlich feingeschnittenem Dill vermischen. Der Salat schmeckt besonders gut mit Fischgerichten aller Art.

Kartoffelsalat mit Mayonnaise

Scheiben von gekochten Salatkartoffeln mit einer selbstgemachten Mayonnaise (siehe Seite 27), etwas saurer Sahne, 2 feingehackten Gewürzgurken, 2 feingehackten Schalotten und reichlich gehackter glatter Petersilie vermischen. Mit weißem Pfeffer aus der Mühle und eventuell etwas Salz abschmecken.
Der Salat schmeckt besonders mit gebratenen Fischfilets, mit gebratenen Schollen und – bei Kindern sehr beliebt – mit Bockwurst.

Hinweis: Selbstverständlich kann man auch Fertigmayonnaise (etwa 150 g) verwenden. Dann sollte es aber stets Delikateßmayonnaise sein, da andere leicht zu säuerlich schmecken.

Variation: Den Salat mit gekochtem, feingewürfeltem Knollensellerie oder in dünne Scheiben geschnittenem Staudensellerie (in beliebiger Menge) vermischen. Bei Staudensellerie die hellen Blätter, feingehackt, mit untermischen.

Oder den Salat mit streifig geschnittenen Borretschblättern mischen und mit Borretschblüten garnieren. Dann mit pochierten Edelfischen servieren.
Soll der Salat als Beilage zu Schweinebraten oder gekochter Ochsenbrust serviert werden, würzt man ihn mit reichlich frischen, gehackten Basilikumblättern. Dann ist kein Pfeffer mehr nötig.

Nudelsalat-variationen

Grundzubereitung:
Für Nudelsalate sind fast alle Nudelarten geeignet, wobei man jedoch längere Bandnudeln, Spaghetti und Makkaroni vor dem Kochen brechen sollte.
Berechnen Sie für einen sättigenden Salat je nach der Menge der übrigen Zutaten pro Person 50–75 g ungekochte Nudeln.
Die Nudeln müssen in reichlich Salzwasser (2 l für 250 g Nudeln) beißfest gekocht werden.
Was sonst verpönt ist, ist bei Nudeln für Salate Notwendigkeit: Sie nach dem Abgießen unter kaltem Wasser abschrecken, dann erst abtropfen lassen. Ohne das Abschrecken würden sie beim Erkalten zusammenkleben.

Nudelsalat mit Meeresfrüchten

- 250 g schneckenförmige Nudeln,
- 1000 g Venusmuscheln (Vongole) mit Schale (frisch oder tiefgekühlt),
- 1000 g Miesmuscheln,
- 1 Bund Suppengrün,
- 2 Zwiebeln,
- 1 Bund Petersilie,
- ½ l trockener Weißwein,
- 250 g tiefgekühlte, gereinigte Tintenfische,
- 2 große Salbeiblättchen,
- 1 Stengel Rosmarin,
- ¼ Teelöffel Thymianblättchen,
- ¼ l Tomatensaft,
- 100 g frische oder tiefgekühlte Garnelen,
- 1 rohes Eigelb,
- 2 hartgekochte Eigelbe,
- 3 Eßlöffel Kräuteressig,
- 3 Eßlöffel Olivenöl,
- ⅛ l süße Sahne,
- 2 Knoblauchzehen,
- Salz, schwarzer Pfeffer aus der Mühle,
- ½ Bund Basilikum,
- 1 Eßlöffel kleine Kapern.

Die Nudeln nach Grundrezept zubereiten.
Die aufgetauten Venus- und die Miesmuscheln unter fließendem Wasser abbürsten. Muscheln, die schon geöffnet sind, wegwerfen.
Das Suppengrün waschen, putzen und grob hacken.
Die Zwiebeln schälen, achteln, Petersilie abspülen.
Alles mit dem Wein in einem großen Topf zum Kochen bringen.
Die Muscheln hinzufügen, im geschlossenen Topf 10 Minuten kochen, dann abgießen. Geschlossene Muscheln nun ebenfalls entfernen. Aus den übrigen das Muschelfleisch herauslösen.
Die aufgetauten Tintenfische abspülen und in mundgerechte Stücke schneiden.
Salbei, Rosmarin und frischen Thymian abspülen. Zusammen mit den Tintenfischen in den Tomatensaft geben und diesen aufkochen. Die Tintenfische zugedeckt 15 Minuten schmoren lassen. Dann den Saft abgießen.
Die Garnelen (tiefgekühlte müssen vorher aufgetaut werden) kurz kalt abspülen und gut abtropfen lassen.
Das rohe Eigelb mit den gekochten, durch ein Sieb gestrichenen Eigelben, Essig, Öl und Sahne zu einer cremigen Soße verrühren.
Die geschälten, durch die Presse gedrückten Knoblauchzehen hinzufügen und die Soße pikant mit Salz und Pfeffer würzen.
Alles miteinander vermischen.
Das Basilikum abspülen, trockentupfen und die Blättchen von den Stielen zupfen. Den Salat damit und mit den Kapern bestreuen.

Vorbereitungszeit:
ohne Zeit zum Auftauen
45 Minuten.
Zubereitungszeit:
15 Minuten.

Nudelsalat auf amerikanische Art

Die gekochten Nudeln mit 200 g süßen Maiskörnern aus der Dose, 200 g in feine Streifen geschnittenem Frühstücksspeck, 1 Bund in Scheiben geschnittenen Radieschen, ½ gewürfelten Salatgurke und 4 hartgekochten, gehackten Eiern mischen.
Dazu eine Soße aus pikant mit Chilisoße gewürzter Mayonnaise bereiten, die mit ganz fein gewürfelter grüner oder roter Paprika gemischt wird (Thousand-Islands-Dressing, siehe Seite 29).

Vorbereitungszeit:
15 Minuten.
Zubereitungszeit:
10 Minuten.

Nudelsalat mit Thunfisch

Die gekochten Nudeln mit dem abgetropften, zerpflückten Fleisch einer großen Dose Thunfisch mischen.
Das abgelaufene Öl vorher auffangen.
Dazu 1 Bund gehackte glatte Petersilie, 2–3 Stengel in feine Scheiben geschnittenen Bleichsellerie sowie die gehackten Blätter, 1 feingewürfelte Fenchelknolle mit dem feingeschnittenen Grün, 1 geraspelte Möhre, 2 abgezogene, entkernte, feingewürfelte Tomaten und 2 Eßlöffel Kapern geben.
Aus dem Thunfischöl mit beliebig viel Essig, 1 durch die Presse gedrückten Knoblauchzehe, Salz und schwarzem Pfeffer aus der Mühle eine Soße mischen.
Der Salat sieht besonders gut aus, wenn man grüne Bandnudeln dazu verwendet.

Vorbereitungszeit:
20 Minuten.
Zubereitungszeit:
10 Minuten.

Reissalat-variationen

Grundzubereitung

200 g Langkornreis,
gut ½ l Fleischbrühe.

Reis und Fleischbrühe in einem offenen Topf sprudelnd aufkochen lassen.
Den Deckel dann auflegen und den Reis bei ganz schwacher Hitze in 20 Minuten gar ziehen, dann abkühlen lassen. Während des Abkühlens häufig umrühren, dann kleben die Körnchen nicht zusammen.
Für Reissalate ist es empfehlenswert, Parboiled Reis zu verwenden. Dieser in einem speziellen Dampf- und Druckverfahren vor dem Schleifen behandelte Reis ist nicht nur besonders vitamin- und nährstoffreich, sondern klebt auch nicht.

Reissalat auf indische Art

Reis nach Grundrezept,
200 g frische
oder tiefgekühlte Krabben,
5 Scheiben Ananas
aus der Dose,
250 g frische Aprikosen,
4 Ingwerpflaumen
aus dem Glas,
50 g Mandelblättchen,
10 g Butter,
2 Bananen,
2 Eßlöffel Zitronensaft,
2 Eßlöffel Mango-Chutney,
150 g Delikateßmayonnaise,
4 Eßlöffel süße Sahne,
Salz,
scharfe Currymischung,
einige Minze-
oder Kerbelblättchen.

Den Reis abkühlen lassen.
Die Krabben (tiefgekühlte vorher auftauen) in einem Durchschlag kurz abspülen, gründlich abtropfen lassen.
Die Ananasscheiben schälen, in kleine Stücke schneiden.
Die Aprikosen mit kochendem Wasser überbrühen, häuten, halbieren, entsteinen, dann achteln.
Die Ingwerpflaumen in dünne Scheibchen schneiden.
Die Mandelblättchen in der heißen Butter unter Rühren goldbraun rösten und abkühlen lassen.
Die Bananen schälen, in Scheiben schneiden und rasch mit dem Zitronensaft vermischen, damit sie sich nicht verfärben.
Das Chutney wenn nötig hacken.
Mayonnaise mit Sahne glattrühren. Mit Salz und sehr pikant mit Curry würzen.
Alle Salatzutaten außer den Mandeln mit der Soße vermischen. Den Salat mit Mandeln und mit Minze- oder Kerbelblättchen bestreut servieren.
In der halben Menge kann der Salat auch als Vorspeise gereicht werden.

Vorbereitungszeit:
ohne Zeit zum Reiskochen
25 Minuten.
Zubereitungszeit:
10 Minuten.

Reissalat nach Balkanart

Den gekochten Reis mit 100 g feingeschnittenem rohen Sauerkraut, 1 eingelegten, gewürfelten roten Paprikaschote, 1 gewürfelten grünen Paprikaschote, 4 gehäuteten, entkernten und in feine Streifen geschnittenen Tomaten, 2 Eßlöffeln Schnittlauchröllchen, 2 feingehackten Knoblauchzehen, 100 g geviertelten Champignons aus der Dose und 75 g geraffeltem Emmentaler Käse mischen.
200 g dicke saure Sahne mit Salz und rosenscharfem Paprika pikant würzen und unter den Salat heben.

Vorbereitungszeit:
30 Minuten.
Zubereitungszeit:
5 Minuten.

Grüner Reissalat

Den gekochten Reis mit einer halben, ungeschälten, feingewürfelten Gurke mischen.
Dann folgende Zutaten hinzufügen: 1 Bund gehackte Kräuter der Saison, 4 in Röllchen geschnittene Frühlingszwiebeln, 150 g knackig gekochte, Prinzeßböhnchen, 150 g gegarte TK-Perlerbsen und 200 g feingewürfelten gekochten Schinken.
2 hartgekochte Eigelbe durch ein Sieb streichen, mit 1 Teelöffel scharfem Senf, 4 Eßlöffeln Essig und 8 Eßlöffeln Öl und Salz zu einer Soße verrühren und unter den Salat mischen.
Den Salat mit Radieschenrosetten garnieren.

Vorbereitungszeit:
35 Minuten.
Zubereitungszeit:
10 Minuten.

Die süßesten Früchte für die besten Desserts

Ob exotisch-geheimnisvoll aus fremden Ländern, ob schlicht-bekannt aus heimischen Gefilden: Obst ist für jede Überraschung gut, läßt sich von schlicht bis raffiniert in einer ungeahnten Vielfalt variieren, kombinieren und genießen.

Exotischer Wintersalat

200 g frische Datteln,
1 kleine frische Ananas,
2 Sharon-Kaki,
200 g Kapstachelbeeren,
1 Granatapfel,
1 Becher süße Sahne,
2 Teelöffel Puderzucker,
2 cl Orangenlikör,
1 kräftige Prise Zimt.

Die Datteln häuten, dann halbieren und entsteinen. Von den Ananas den Stengelansatz und die Blattkrone abschneiden. Die Frucht dann großzügig schälen und mit einem spitzen Messer die „Augen" herauslösen. Die Frucht längs achteln, den harten Innenkern abschneiden und das Fruchtfleisch fein würfeln.

Die Kakifrüchte gründlich waschen und abtrocknen. Mit einem spitzen Messer den Blatteinsatz rundherum einschneiden und keilförmig auslösen. Die Früchte nach Belieben in dünne Scheiben oder in Achtel schneiden.
Die Kapstachelbeeren aus ihren Hüllen lösen, kurz waschen und gründlich abtropfen lassen.
Den Granatapfel halbieren und die Kerne mit einem Teelöffel auslösen. Dabei am besten über einer Schüssel arbeiten, um den Saft aufzufangen.
Die Kerne beiseite stellen.
Die Sahne halbsteif schlagen, dabei nach und nach den Puderzucker, den abgelaufenen Granatapfelsaft, den Likör und Zimt hinzufügen.
Alle Salatzutaten mit der Hälfte der Sahne mischen und in eine Glasschale oder in Portionsgläser füllen.
Mit der restlichen Sahne begießen und mit den Granatapfelkernen bestreuen.
Den Salat rasch servieren.
Dazu schmeckt zartes Gebäck, wie Hohlhippen oder Waffelröllchen.

Vorbereitungszeit:
15 Minuten.
Zubereitungszeit:
10 Minuten.

Mein Tip: Wenn Sie die Granatapfelkerne als zu hart empfinden, auf das besondere Aroma dieser Frucht jedoch nicht verzichten wollen, nehmen Sie für den Salat nur den Saft. Den bekommen Sie einmal, indem Sie die Kerne in ein Haarsieb geben und gut ausdrücken. Noch einfacher ist es, den Granatapfel auf dem Tisch kräftig zu rollen, bis die Schale etwas weich geworden ist. Dann seitlich ein knapp 1 cm großes Loch in die Schale schneiden und den Saft herausdrücken.

Variationen: Sollten Sie keine frischen Datteln bekommen (sie werden von Oktober bis Mai als Tiefkühlprodukt aus Israel eingeführt und zum Verkauf aufgetaut), können Sie auch getrocknete Datteln verwenden. Dann jedoch nur die halbe Menge nehmen und die Früchte grob hacken.

Hinweis: Kapstachelbeeren haben mit unseren Stachelbeeren außer dem Namen nichts gemeinsam. Eher besteht eine weitläufige Verwandtschaft zur Tomate. Wie sie ist die Kapstachelbeere ein Nachtschattengewächs. Sie wird bei uns von Dezember bis Juni als Import aus Kenia und Madagaskar angeboten.

Papayasalat

2 reife Papayas,
200 g Zucker,
ausgeschabtes Mark von
½ Vanilleschote,
⅛ l Wasser,
2 Eßlöffel Ingwersirup
aus dem Glas,
1 Messerspitze
gemahlene Nelken,
1 Prise Zimt,
1 Grapefruit,
4 eingelegte Ingwerpflaumen,
Saft von 1 Zitrone,
2 cl weißer Rum,
2 Eßlöffel Pinienkerne.

Die Papayas schälen, halbieren und die schwarzen Kerne mit einem Löffel herausschaben. Die Früchte dann in dünne Streifen schneiden.
Mit Zucker, Vanillemark, Wasser, Ingwersirup, Nelkenpulver und Zimt vermischen. Im offenen Topf aufkochen und 10–15 Minuten köcheln lassen, bis die Papayastreifen ganz weich sind und kaum noch Flüssigkeit vorhanden ist. Dann abkühlen lassen.
Die Grapefruit schälen, dabei auch die pelzige Innenhaut abziehen. Die Fruchtfilets mit einem scharfen Messer aus den Trennhäutchen lösen.
Die Ingwerpflaumen grob hacken.
Zitronensaft und Rum verrühren.
Die Grapefruitstücke sternförmig auf einer flachen Servierschale anrichten.
Die Papayastreifen und ihren Sirup mit den Ingwerpflaumen und der Zitronen-Rum-Mischung vermengen und in die Mitte geben. Mit den Pinienkernen bestreuen.

Vorbereitungszeit:
ohne Kochzeit 10 Minuten.
Zubereitungszeit:
ohne Zeit zum Abkühlen
10 Minuten.

Mein Tip: Wenn dieser Salat zusätzlich noch mit etwas Ingwerpulver gewürzt wird, schmeckt er sehr gut als Beilage zu Currygerichten oder zu Wild.
Wenn Sie das Glück haben, Baumtomaten zu bekommen, sollten Sie diese mit für den Papayasalat verwenden. Mit ihrem leicht bitteren, aber säuerlichen Aroma harmonieren sie ausgezeichnet mit dem süßen Papayageschmack.

Die Papayas, die zur großen Melonenfamilie gehören, haben ihre Urheimat in Mexiko, werden aber heute in fast allen tropischen und subtropischen Ländern angebaut. Importierte Früchte haben meist ein Durchschnittsgewicht von 500 g, in den Anbauländern jedoch gibt es bis zu 9 kg schwere Exemplare.
Papayas sind sehr empfindlich und verderben rasch. Darum wurden für den Export besonders robuste Sorten gezüchtet, die noch während des Transports nachreifen – und dann leider oft noch unreif an den Verbraucher gelangen.
Zum Nachreifen sollten die Früchte nicht in den Kühlschrank gelegt werden. Am besten ist Zimmertemperatur mit hoher Luftfeuchtigkeit. Sie sind reif, wenn die Schale einige gelbliche Stellen aufweist und auf Fingerdruck nachgibt. Dann hat das Fruchtfleisch einen tiefen Orangeton und ist butterweich.

Gemischter Obstsalat

2 Orangen,
2 kernlose Mandarinen
oder Klementinen,
1 Winterbirne,
2 kleine, süß-säuerliche Äpfel
(Cox Orange oder Jonathan),
1 große
oder 2 kleine Bananen,
50 g feiner Zucker,
1 Päckchen Vanillezucker,
Saft von ½ Zitrone,
50 g gehackte Walnußkerne.

Die Orangen schälen, dabei die pelzige Innenhaut entfernen. Die Filets mit einem scharfen Messer aus den dünnen Häutchen lösen, dann würfeln. Einige zum Garnieren ganz lassen.
Mandarinen oder Klementinen ebenfalls schälen und die Hautfäden abziehen. Die Filets entweder schälen oder quer halbieren.
Die gewaschene Birne und die gewaschenen Äpfel schälen, von Blüten- und Stengelansatz befreien, vierteln, entkernen und sehr fein würfeln.
Die Banane schälen, längs vierteln und würfeln.
Alle Salatzutaten rasch mit Zucker, Vanillezucker und Zitronensaft vermischen. 10 Minuten ziehen lassen. Dann in eine Servierschale umfüllen, mit Orangenfilets garnieren und mit den Nüssen bestreuen.

Vorbereitungszeit:
20 Minuten.
Zubereitungszeit:
ohne Zeit zum Durchziehen
5 Minuten.

<u>Hinweis:</u> Dieser Salat ist eine wahre Vitaminbombe und darum gerade im Winter so gesund. Denn reichlich Vitamin C hilft Schnupfen und Grippe verhindern und auch bekämpfen.
Wenn Sie noch mehr Vitamine in den Salat möchten: 1–2 Kiwis in Scheiben hineingeben. 1 Kiwifrucht deckt den Vitamin-C-Tagesbedarf eines erwachsenen Menschen.
Wenn Sie ein paar Kalorien zusätzlich nicht scheuen, können Sie noch frisch geschlagene süße Sahne oder cremig gerührte Crème fraîche zu dem Salat reichen. Ein Schuß Eierlikör schmeckt ebenso wie ein Gläschen Himbeergeist oder Kirschwasser an dem Salat.

Kakisalat mit Mangosoße

1 große, reife Mango,
50 g Zucker,
1 Prise Ingwerpulver,
1 Prise gemahlene Nelken,
6 Kiwis,
6 Kumquats,
2 Sharon-Kakis,
1 Eßlöffel gestoßener Krokant (fertig gekauft).

Die Haut der Mango mit einem scharfen Messer mehrmals tief einritzen, dann in Streifen abziehen.
Das Fruchtfleisch ober- und unterhalb des Kerns ablösen, dann an den Seiten abschneiden. Das Fruchtfleisch grob würfeln.
Mit Zucker, Ingwerpulver und Nelken mischen und in einem Topf so lange unter Rühren erwärmen, bis sich der Zucker ganz aufgelöst hat. Die Masse dann im Mixer oder mit dem Schneidestab des Handrührgeräts fein pürieren. Die Soße lauwarm halten.
Die Kiwis schälen und in dünne Scheiben schneiden.
Die Kumquats unter fließendem Wasser abbürsten, abtrocknen und auch in Scheiben schneiden, dann sorgfältig entkernen.
Die Kakis waschen, abtrocknen und mit einem scharfen Messer die Stengelansätze keilförmig aus den Früchten ausschneiden. Die Kakis dann ebenfalls in dünne Scheiben schneiden.
Kakischeiben blütenblattartig auf 4 Desserttellern anrichten, darüber die Kiwi- und die Kumquatscheiben anrichten. Den Salat mit der Mangosoße übergießen und mit dem Krokant bestreut sofort servieren.

Vorbereitungszeit:
25 Minuten.
Zubereitungszeit:
5 Minuten.

Kakis stammen ursprünglich aus Asien, werden aber heute auch in Israel und in Italien angebaut. Italienische Kakis schmecken allerdings erst dann, wenn sie butterweich sind und darum eigentlich nur ausgelöffelt werden können. Die israelische Sharon-Kaki hingegen ist eine besondere Züchtung, die auch vollreif ein festes, schnittfähiges Fruchtfleisch hat.
Italienische Kakis sind etwa ab Oktober bis November, israelische von November bis Januar im Handel.

Kumquats sind Zwergorangen, die erst seit einigen Jahren bei uns frisch erhältlich sind. Meist werden sie in Sirup eingelegt angeboten. Aber gerade frische Kumquats sind besonders reizvoll im Geschmack. Man kann kleine Früchte im Ganzen verzehren, aus größeren sollte man die Kerne entfernen. Kumquats werden jedoch nicht geschält, und gerade die kleinen Fruchtknoten der Schale machen das intensive Aroma aus.

Trauben-Nuß-Salat im Ananasschiff

250 g blaue Weintrauben,
250 g helle Weintrauben,
je 2 cl Cognac
oder Weinbrand, Kirschwasser, Cointreau und
Maraschinolikör,
1 kleine, frische Ananas
von etwa 1000 g
(mit Blattkrone gewogen),
1 Orange,
1 Zitrone,
50 g Puderzucker,
einige Tropfen Vanilleextrakt,
100 g Haselnußkerne,
⅛ l süße Sahne,
1 Eßlöffel Schokoladenstreusel
(Fertigprodukt).

Die Weintrauben waschen, gründlich abtropfen lassen und die Beeren von den Stielen zupfen. Die Beeren halbieren und entkernen. Cognac oder Weinbrand, Kirschwasser, Cointreau und Maraschino verrühren und die Weinbeeren damit vermischen. Zugedeckt 30 Minuten im Kühlschrank durchziehen lassen.
Von den Ananas den Stengelansatz sehr knapp abschneiden. Die Frucht darf dabei nicht verletzt werden. Die Ananas mitsamt der Blattkrone längs halbieren und das Fruchtfleisch auslösen. Die harten Innenteile entfernen und das Fruchtfleisch fein würfeln.
Zu den Trauben geben, alles gründlich mischen und noch weitere 15 Minuten durchziehen lassen.
Die Orange und die Zitrone auspressen, den Saft mit dem Puderzucker vermischen und mit Vanilleextrakt würzen. Einen Teil in die beiden Ananashälften träufeln und diese ebenfalls in den Kühlschrank stellen.

Die Haselnußkerne ohne Fettzugabe in einer beschichteten Pfanne unter häufigem Rütteln so lange rösten, bis die dünne Haut brüchig geworden ist und sich leicht von den Nüssen lösen läßt. Die Nüsse in einem Küchentuch abreiben und abkühlen lassen.
In der Zwischenzeit die Sahne sehr steif schlagen.
Trauben und Ananas mit den Nüssen, der Hälfte der Sahne und der restlichen Orangen-Zitronensaft-Mischung vermengen und in die Ananashälften füllen.
Die restliche Sahne in einen Spritzbeutel mit Sterntülle füllen und den Salat damit garnieren. Zum Schluß die Schokoladenstreusel darüber verteilen. Den Salat dann sofort auftragen.
Dazu einen lieblichen Sekt oder auch einen Mokka reichen.

Vorbereitungszeit:
ohne Zeit zum Durchziehen
20 Minuten.
Zubereitungszeit:
15 Minuten.

Variation: Statt in ausgelösten Ananashälften und mit Ananaswürfeln können Sie diesen Salat auch in Melonenhälften und mit Melonenkugeln servieren. Dann sollten Sie 2 mittelgroße Ogenmelonen nehmen, diese vor bereiten wie auf Seite 150 beschrieben, jedoch in Zacken halbieren. Die Melonenkugeln gleich mit den Trauben zusammen in dem Alkohol ziehen lassen. Den Salat pro Person in einer Melonenhälfte servieren.

Mein Tip: Wenn Sie frische sogenannte Schälnüsse, also Walnüsse der diesjährigen Ernte bekommen können, verwenden Sie diese für den Salat. Zwar ist das Schälen der frischen Nüsse etwas mühevoll, das Ergebnis jedoch ist – schlicht – delikat.

Erdbeersalat mit Pfeffersahne

500 g kleine, aromatische Erdbeeren,
100 g Zucker,
4 cl Himbeergeist,
1 Becher süße Sahne (200 g),
2 Teelöffel eingelegte grüne Pfefferkörner.

Die Erdbeeren waschen, abtropfen lassen und auf einer dicken Lage Haushaltspapier ausbreiten. Mit Haushaltspapier vorsichtig trockentupfen, dann erst die Stengelansätze herausdrehen und die Früchte halbieren.
Mit dem Zucker mischen und gut 60 Minuten bei Zimmertemperatur Saft ziehen lassen. Dabei hin und wieder umrühren, damit sich der Zucker ganz auflöst.
Die Erdbeeren dann mit dem Himbeergeist vermischen und mit Folie abgedeckt etwa 30 Minuten in den Kühlschrank stellen.
Die Sahne steif schlagen.
Die Pfefferkörner abtropfen lassen und grob hacken. Mit der Sahne vermischen. In einen Spritzbeutel mit großer Sterntülle füllen.
Die Erdbeeren mit ihrem Saft in 4 Portionsschälchen verteilen und mit jeweils einem dicken Sahneklecks in der Mitte garnieren.

Dazu schmeckt ein trockener Sekt ebenso wie ein halbtrockener Sherry.

Vorbereitungszeit:
ohne Zeit zum Durchziehen
15 Minuten.
Zubereitungszeit:
15 Minuten.

Mein Tip: Besonders gut schmeckt dieser Salat, wenn man ihn mit den besonders aromatischen Monatserdbeeren zubereitet. Noch intensiver im Geschmack und Aroma sind Walderdbeeren. Leider gibt es sie nur selten zu kaufen – und dann zu einem stolzen Preis.
Ende Mai, wenn es die ersten vollreifen Erdbeeren, aber noch frischen Waldmeister gibt, sollten Sie die Sahne mit diesem aromatischen Kraut statt mit Pfeffer würzen.

Orangen-Erdbeer-Salat

5 kleine, saftige Orangen,
2 cl Cognac oder Weinbrand,
4 cl Cointreau,
200 g kleine Erdbeeren,
1/8 l süße Sahne,
2 Eßlöffel Amaretto-Likör (italienischer Mandellikör).

Die Orangen wie einen Apfel schälen, dabei auch die weiße Innenhaut abziehen. Die Früchte quer in dünne Scheiben schneiden und wenn nötig entkernen. Die Scheiben dachziegelartig auf einer Platte anrichten. Cognac oder Weinbrand mit dem Cointreau vermischen und darüberträufeln. Die Orangenscheiben mit Folie bedeckt kühl, aber nicht im Kühlschrank, 30 Minuten durchziehen lassen.
Die Erdbeeren waschen, gründlich abtropfen lassen, dann erst entstielen.
Die Sahne steif schlagen, dann tropfenweise den Amaretto untermischen. Die Sahne in einen Spritzbeutel mit kleiner Sterntülle füllen.
Die Erdbeeren auf den Orangenscheiben anrichten und den Salat mit Sahnetupfen oder einem Sahnekranz garnieren. Dazu zartes Mandelgebäck reichen.

Vorbereitungszeit:
ohne Zeit zum Durchziehen
20 Minuten.
Zubereitungszeit:
10 Minuten.

FRANCE

Cranberries-Orangen-Salat

250 g frische Cranberries (siehe unten),
125 g Zucker,
1 Prise gemahlener Koriander,
20 g blättrig geschnittene Mandeln,
4 kleine Orangen,
4 cl Orangenlikör,
¼ l süße Sahne,
1 Päckchen Vanillezucker.

Die Cranberries waschen und abtropfen lassen. Mit dem Zucker und dem Koriander vermischen und in einem Topf so lange köcheln lassen, bis der Zucker sich aufgelöst hat und die ersten Beeren zu platzen beginnen.
Die Beeren vom Herd nehmen und in einem kalten Wasserbad, dem einige Eisstücke beigefügt wurden, abkühlen lassen.
Die Mandeln in einer beschichteten Pfanne unter Rühren goldbraun rösten und auch erkalten lassen.
Die Orangen wie Äpfel schälen. Die pelzige Innenhaut abziehen und die Früchte quer in dünne Scheiben schneiden. Wenn nötig entkernen. Mit dem Likör vermischen und zugedeckt etwa 20 Minuten durchziehen lassen.
Die Sahne steif schlagen, dabei nach und nach den Vanillezucker einrieseln lassen.
Die Sahne mit der Hälfte der Cranberries vermischen.
Die Orangenscheiben auf einer Servierplatte anrichten und die Cranberriesahne in die Mitte geben. Die restlichen Beeren kranzförmig darum herum anrichten. Die Sahne mit den Mandeln bestreuen.

Vorbereitungszeit:
ohne Zeit zum Abkühlen
10 Minuten.
Zubereitungszeit:
ohne Zeit zum Durchziehen
10 Minuten.

Variation: Statt mit Cranberries können Sie die Sahne auch mit Passionsfruchtmark vermischen. Dann umlegt man die Sahne mit abgetropften Schattenmorellen aus dem Glas.

Cranberries sind mit unserer Preiselbeere verwandte, sehr große Moosbeeren. Wir bekommen sie von Herbst bis Frühjahr hauptsächlich aus den USA, obwohl sie auch in Holland und Polen angebaut werden.
Allerdings werden sie erst seit etwa 50 Jahren systematisch für den gewerblichen Anbau gezüchtet und haben einen leicht herben, säuerlichen Geschmack, sind aber etwas milder als einheimische Preiselbeeren. Durch einen hohen Anteil an Pektin haben Cranberries eine hervorragende Gelierfähigkeit. Gekocht sind sie im Kühlschrank mehrere Wochen haltbar.

Salat mit Rumtopffrüchten und Baiserhaube

2 Orangen,
1 säuerlicher Apfel,
2 Pfirsichhälften
aus der Dose,
2 Scheiben Ananas
aus der Dose,
4 Eßlöffel Rumtopffrüchte,
4 Eßlöffel Rumtopfflüssigkeit,
3 Eiweiß,
½ Teelöffel Zitronensaft,
125 g Zucker,
1 Päckchen Vanillezucker,
50 g gemahlene Mandeln.

Die Orangen und den Apfel schälen. Von den Orangen die weiße Haut abziehen, die Früchte dann quer in dünne Scheiben schneiden und wenn nötig entkernen.
Aus dem Apfel Blüten- und Stengelansatz und das Kerngehäuse herausschneiden. Den Apfel dann ebenfalls in Scheiben schneiden.
Die abgetropften Pfirsichhälften in dünne Spalten, die Ananasscheiben in Würfel schneiden.
Alles auf einer flachen, feuerfesten Servierschale anrichten und die Rumtopffrüchte in die Mitte geben. Die übrigen Früchte mit der Rumtopfflüssigkeit beträufeln.
Das Eiweiß mit dem Zitronensaft zu steifem Schnee schlagen, dabei nach und nach den Zucker und den Vanillezucker einrieseln lassen und so lange weiterrühren, bis sich der Zucker ganz aufgelöst hat. Die Baisermasse mit den Mandeln vermischen und in einen Spritzbeutel mit Sterntülle füllen.
Die Masse von der Mitte her schneckenförmig auf den Salat spritzen und in dem auf 180 Grad (Gas Stufe 3) vorgeheizten Backofen etwa 45–50 Minuten überbacken, bis die Baiserhaube ganz leicht zu bräunen beginnt.
Die Baisermasse etwas abkühlen lassen und das Dessert dann servieren.
Dazu kann Mokka, Espresso oder ein lieblicher Sekt gereicht werden.

Vorbereitungszeit:
25 Minuten.
Zubereitungszeit:
ohne Backzeit
10 Minuten.

Mein Tip: Rumtopffrüchte sind nicht immer zur Hand, dann können Sie statt dessen auch „schnelle Rumkirschen" für den Salat verwenden: Große, kernlose Schattenmorellen abtropfen lassen (den Saft auffangen) und mit reichlich 54%igem Rum übergießen. Zugedeckt über Nacht ziehen lassen. Am nächsten Tag wieder abtropfen lassen und wie die Rumtopffrüchte verwenden.
Den abgetropften Rum mit beliebig viel Kirschsaft vermischen und über die übrigen Früchte gießen.

Melonensalat

1 Wassermelone (ersatzweise 1 Zuckermelone),
1 Kantalupmelone,
1 Ogenmelone,
1/8 l halbtrockener Sherry (Amontillado oder Oloroso),
2 unbehandelte Blutorangen,
2 Eßlöffel Puderzucker,
2 Eßlöffel Cognac oder Weinbrand,
1/8 l süße Sahne,
1 Päckchen Vanillezucker,
20 g blättrig geschnittene Mandeln.

Alle drei Melonen halbieren. Aus der Kantalup- und der Ogenmelone das weiche Fruchtfleisch und die Kerne mit einem Löffel herausschaben. Das feste Fruchtfleisch mit einem kleinen Kugelausstecher auslösen.
Das Fruchtfleisch der Wassermelone ebenfalls mit dem Kugelausstecher auslösen, dabei die schwarzen Kerne entfernen.
Die Melonenkugeln in einer Schüssel mit dem Sherry mischen, dann in 2 oder 3 Melonenhälften füllen. Mit Folie bedecken und mindestens 3, besser noch 6 Stunden im Kühlschrank gut durchkühlen lassen.
Die Orangen unter fließendem Wasser abbürsten, abtrocknen und die Schale dünn abschälen oder mit einem Juliennekratzer abziehen. Die abgeschälte Schale in feine Streifchen (Juliennes) schneiden. Die Orangen dann auspressen.
Die Melonenkugeln abgießen, dabei den Saft auffangen.
3 Eßlöffel Saft mit dem Orangensaft und dem Cognac oder Weinbrand mischen.
Die Melonenkugeln wieder in die Melonenhälften füllen und mit der Saftmischung übergießen. Wiederum mit Folie überziehen und nochmals 30 Minuten zum Durchziehen in den Kühlschrank stellen.
Die Sahne steif schlagen, dabei nach und nach den Vanillezucker einrieseln lassen. Die Sahne in einen Spritzbeutel mit Sterntülle füllen.
Die gefüllten Melonenhälften mit Sahnetupfern garnieren und diese mit den Orangenschalenstreifen bestreuen. Die Melonenkugeln mit den Mandelblättchen bestreuen. Den Salat nun rasch servieren.
Dazu ganz zartes Gebäck und Mokka oder Espresso oder einen lieblichen Sekt reichen.

Vorbereitungszeit:
ohne Zeit zum Kühlen
20 Minuten.
Zubereitungszeit:
ohne Zeit zum Durchziehen
15 Minuten.

Mein Tip: Die restliche Melonensaft-Sherry-Mischung kann mit trockenem Sekt aufgefüllt als Longdrink gereicht werden.

Variation: Sie können auch statt der Kantalup- oder der Ogenmelone frische, geviertelte Feigen oder kleine Feigen aus der Dose an den Salat geben. Sehr gut schmeckt der Salat auch mit Litschis und/oder frischen Erdbeeren.
Eine besondere Note bekommt der Salat, wenn man die Melonenkugeln einer Sorte durch Gartenbrombeeren ersetzt und den Salat statt mit Cognac oder Weinbrand mit Himbeergeist aromatisiert.

Melonen sind Kinder der Sonne, dank moderner Transportmöglichkeiten aus aller Welt aber bei uns inzwischen eine Selbstverständlichkeit im Handel.
Man unterscheidet zwei große Grundgruppen, die eigentlich nur weitläufig miteinander verwandt sind: die Wassermelonen und die Zuckermelonen.
Wassermelonen bestehen tatsächlich bis zu 95% aus Wasser, sie haben ein rosafarbenes bis intensiv rotes Fruchtfleisch, das von harten, schwarzen Kernen durchsetzt ist. Das Fruchtfleisch ist sehr erfrischend, aber nicht von intensivem Geschmack.
Zuckermelonen hingegen haben im vollreifen Stadium sowohl ein intensives Aroma als auch einen jeweils sortentypischen Geschmack.
Bei den Zuckermelonen unterscheidet man wiederum

drei Grundsorten: die glatten Melonen, die Netzmelonen und die Kantalupmelonen. Alle haben ein gemeinsames Merkmal: Die Kerne sitzen wie bei einem Kürbis, umgeben von einem faserigen oder weichen, nicht genießbaren Fruchtfleisch, in der Mitte der Frucht.
Zu den glatten Melonen gehört die bei uns wohl am häufigsten angebotene Honigmelone.
Die Kantalupmelonen haben ihren Namen von einem in der Nähe Roms gelegenen Dorf, sind glattschalig, aber stark gerippt. Sie gehören zu den besten, aber auch den empfindlichsten Früchten ihrer Familie und sollten spätestens 1 Woche nach der Ernte verzehrt werden. Die Feinste der Feinen aus dieser Familie ist die französische Charentaismelone.

Netzmelonen sind nach ihrem Äußeren benannt, denn ihre Schale sieht je nach Sorte wie ein weißes bis bräunliches Netz aus.
Eine – besonders aromatische – Kreuzung aus Netz- und Kantalupmelone ist die in Israel gezüchtete Ogenmelone, die bei uns von April bis Dezember auf dem Markt ist.

4 große, saftige Birnen,
3 Eßlöffel Zitronensaft,
2 Eßlöffel Birnengeist,
100 g Doppelrahmfrischkäse,
4 Eßlöffel süße Sahne,
2 Eßlöffel roh gerührte Preiselbeeren aus dem Glas,
grob geschroteter schwarzer Pfeffer,
1 Messerspitze gemahlener Koriander,
150 g blaue Weintrauben,
25 g Walnußkerne.

Die Birnen schälen, vierteln, von Blüten- und Stengelansätzen und den Kerngehäusen befreien. Die Birnenviertel dann in 4 gleich dicke Stücke schneiden.
Zitronensaft und Birnengeist verrühren und die Birnenstücke darin wenden. Dann sternförmig auf einer Servierplatte oder auf 4 Dessertellern anrichten.
Mit der restlichen Zitronensaft-Birnengeist-Mischung beträufeln. Mit Folie bedeckt 30 Minuten im Kühlschrank durchziehen lassen.

Den Doppelrahmfrischkäse mit einer Gabel zerdrücken und mit der Sahne und den Preiselbeeren verrühren, so daß eine glatte Masse entsteht. Mit Pfeffer und Koriander abschmecken.
Die Weintrauben waschen und gründlich abtropfen lassen. Die Beeren von den Stielen zupfen, halbieren und entkernen. Unter das Frischkäsedressing heben und dieses in die Mitte der Birnenschnitze geben. Mit Walnußkernen garnieren. Erst bei Tisch mischen.
Dazu Blätterteig-Käse-Gebäck reichen und einen halbtrockenen Sherry oder Cream-Sherry servieren.

Vorbereitungszeit: ohne Zeit zum Durchziehen 25 Minuten.
Zubereitungszeit: 5 Minuten.

Birnensalat mit Frischkäsedressing

Apfelsalat mit Preiselbeersoße

- 4 säuerliche Äpfel,
- ⅛ l Weißwein,
- 50 g Zucker,
- ¼ Zimtstange,
- 2 Gewürznelken,
- 1 unbehandelte Orange,
- 4 Eßlöffel Preiselbeerkompott aus dem Glas,
- 2 Eßlöffel halbtrockener Sherry (Amontillado),
- 1 Eßlöffel Cognac oder Weinbrand,
- 1 Messerspitze Ingwerpulver,
- 1 Eßlöffel geschälte Pistazien.

Die Äpfel schälen, dann die Blüten- und Stengelansätze und die Kerngehäuse mit einem Apfelausstecher entfernen. Die Äpfel quer in etwa 5 mm dicke Scheiben schneiden.
Den Wein mit Zucker, Zimtstange und Nelken aufkochen. Die Äpfelringe einlegen und zugedeckt knapp 5 Minuten mehr ziehen als kochen lassen. Mit einem Schaumlöffel herausheben, abtropfen und abkühlen lassen.
Die Orange unter fließendem Wasser abbürsten, abtrocknen und die Schale abreiben. Die Orangen dann auspressen.
Den Saft mit dem Preiselbeerkompott, Sherry und Cognac oder Weinbrand verrühren. Mit Ingwerpulver abschmecken.
Die Apfelscheiben auf 4 Portionstellern anrichten. Mit der Preiselbeersoße übergießen, mit Orangenschale und Pistazienkernen bestreuen.

Vorbereitungszeit:
ohne Zeit zum Abkühlen
20 Minuten.
Zubereitungszeit:
5 Minuten.

Mein Tip: Verwenden Sie für diesen Salat nur kräftige, süßsäuerliche Apfelsorten, wie Boskop, Jonathan, Cox' Orange oder roten Delicious. Zu süße Äpfel, vor allem aus Übersee, verlieren beim Garen zuviel Aroma.
Generell sollte man beim Apfelkauf weniger das attraktive, aber keinerlei qualitative Rückschlüsse auf das Fruchtfleisch zulassende Äußere beachten, sondern sich nur auf den eigenen Geschmack oder auch das Händlerurteil verlassen.

Nektarinen-Kiwi-Salat

4 Nektarinen, 4 Kiwis,
200 g blaue Trauben,
200 g Erdbeeren,
4 cl Maraschinolikör,
2 Eßlöffel Puderzucker,
25 g gehackte Haselnüsse,
1 kleiner Becher
Crème fraîche (100 g).

Die Nektarinen kurz in kochendes Wasser tauchen, kalt abschrecken und die Haut abziehen (siehe unten). Die Früchte halbieren, entsteinen und in dünne Spalten schneiden. Die Kiwis schälen und in etwa 3 mm dicke Scheiben schneiden.
Die Weintrauben waschen, abtropfen lassen, halbieren und entkernen.
Die Erdbeeren vorsichtig waschen, auf einer Lage Haushaltspapier ausbreiten, trockentupfen, dann erst die Stengelansätze herausdrehen und die Früchte je nach Größe halbieren oder vierteln.
Den Likör mit dem Puderzucker verrühren, bis der Zucker sich gelöst hat. Dann die vorbereiteten Früchte mit dem Likör vermischen und zugedeckt 30 Minuten im Kühlschrank durchziehen lassen.
Die Haselnüsse in einer beschichteten Pfanne unter Rühren ohne Fettzugabe goldbraun rösten.
Die Crème fraîche mit den Rührstäben des Handrührgeräts schaumig schlagen.
Den Salat noch einmal durchmischen, in eine Servierschale füllen und die Crème fraîche als dicken Klecks in die Mitte geben. Mit den Haselnüssen bestreuen. Erst beim Servieren mischen.

Vorbereitungszeit:
15 Minuten.
Zubereitungszeit:
ohne Zeit zum Durchziehen
10 Minuten.

Variation: Die Nektarinen können Sie auch durch Pfirsiche ersetzen. Am besten geeignet, weil besonders aromatisch und festfleischig, sind weiße Pfirsiche, die aus Italien oder dem heimischen Anbau auf den Markt kommen. Sie müssen aber unbedingt gehäutet werden, was bei Nektarinen nur dann notwendig ist, wenn die Haut sehr dick ist.

Nektarinen sind übrigens auch Pfirsiche, die aus einer Kreuzung von Pfirsichen mit samtartiger Haut und Pflaumen enstanden sind. Sie haben aber im allgemeinen ein festeres Fleisch als „echte" Pfirsiche.
Kiwis stammen ursprünglich aus China. Darum werden sie auch oft chinesische Stachelbeere genannt. Heute kommen die meisten Importe aus Neuseeland, wo sie seit gut 70 Jahren in großen Plantagen gezogen werden.
Die Neuseeländer gaben der Frucht auch den Namen Kiwi – nach einem putzigen, etwas tölpelhaften Laufvogel, den die Maori, die Ureinwohner der Insel, Kiwi nennen.

Salat von gedünsteten Feigen

8 frische dunkle Feigen,
4 cl Cassis-Likör,
6 cl Weißwein,
150 g TK-Himbeeren,
1 Eßlöffel Puderzucker,
2 reife Pfirsiche.

Die Feigen waschen, abtrocknen und vierteln.
Cassis-Likör und Wein in einem Topf mischen. Die Feigen mit der Schalenseite nach unten hineinlegen und zugedeckt bei schwacher Hitze 10 Minuten dünsten.
Die zuvor aufgetauten Himbeeren durch ein Haarsieb streichen, damit die Kerne zurückbleiben. Dann mit dem Puderzucker verrühren.
Die Pfirsiche kurz in kochendes Wasser legen, dann häuten, halbieren, entsteinen und grob würfeln.
Die Feigen mit einem Schaumlöffel aus dem Sud heben. Jeweils 8 Viertel sternförmig auf einem Dessertteller anrichten.
Den Sud abkühlen lassen.
Die Pfirsiche im Mixer oder mit dem Schneidstab des Handrührgeräts ganz fein pürieren, dabei den Feigensud einlaufen lassen.
Die Feigen je zur Hälfte mit dem Himbeer- und mit dem Pfirsichpüree umgießen.
Dazu eventuell zartes Mandelgebäck und ein Glas halbtrockenen Sekt reichen.

Variation: Statt frischer Feigen kann man auch Feigen aus der Dose verwenden. Dann aber pro Person 5–6 Früchte rechnen, da sie meist sehr klein sind.
Die unzerteilten Feigen über Nacht in der Cassis-Wein-Mischung ziehen lassen.
Diese dann wie beschrieben für das Pfirsichpüree verwenden.
Die Cassis-Wein-Mischung kann auch durch 6 cl Amaretto (italienischer Mandellikör) oder durch 8 cl Wodka ersetzt werden.

Vorbereitungszeit:
30 Minuten
Zubereitungszeit: 5 Minuten

Ananassalat mit Limettensahne

1 frische Ananas
(etwa 1200 g),
2 unbehandelte Limetten,
1 Becher süße Sahne (200 g),
2 Eßlöffel Puderzucker,
Mark von 1/4 Vanilleschote
oder einige Tropfen
Vanilleextrakt.

Von der Ananas die Blattkrone und den Stengelansatz großzügig abschneiden. Die Frucht dann aufrecht stellen und die Schale mit einem scharfen Messer abschneiden. Die „Augen" mit der Messerspitze aus dem Fruchtfleisch lösen. Die Ananas in Achtel schneiden, den harten Innenkern entfernen und das Fruchtfleisch in 3 cm dicke Stücke schneiden.
Die Limetten unter lauwarmem Wasser abbürsten, abtrocknen, und eine Frucht in dünne Scheiben schneiden.
Von der 2. Frucht die Schale mit einem Juliennekratzer ablösen (oder hauchdünn abschälen und in winzige Streifchen schneiden). Die Frucht dann auspressen.
Die Sahne mit dem Mixer oder mit den Rührstäben des Handrührgerätes halbsteif schlagen. Dabei Puderzucker und Vanillemark oder -extrakt einlaufen lassen.
Erst ganz zum Schluß nach Geschmack Limettensaft und einen Teil der Schalen untermischen.
Die Limettenscheiben blütenblattartig am Rand einer flachen Servierschale anrichten. Die Ananaswürfel in die Mitte schichten und mit der Sahne übergießen. Mit den restlichen Schalenstreifen bestreuen.
Zu dem Dessert kann ein Mokka oder Espresso gereicht werden.

Variation: Statt mit Ananas kann dieses Dessert auch mit Mangowürfeln bereitet werden. Dann jedoch anschließend keinen Alkohol mehr trinken, er verträgt sich nicht mit der Frucht.
Sind keine Limetten erhältlich, verwenden Sie statt dessen kleine, unbehandelte Orangen.
Zusätzlich kann das Dessert noch mit ganz leicht gerösteten Kokosraspeln bestreut werden.

Vorbereitungszeit:
25 Minuten
Zubereitungszeit: 10 Minuten

Welcher Salat paßt wozu?

Die besten Ergänzungsvorschläge auf einen Blick

	 FISCHE UND SCHALENTIERE	 SCHWEIN	 LAMM UND HAMMEL
grüner Salat	mit Soße aus süßer oder saurer Sahne	zu Schnitzel und Koteletts	zu Ragouts und Rollbraten
Eichblatt-/Bataviasalat	mit Vinaigrette aus Sherryessig	mit zarter Essig-Öl-Soße zu Filets	mit zarter Vinaigrette zu Rücken
Feldsalat (Rapunzel)	mit Joghurt- oder Sahne-Kräuter-Soße	mit Saurer-Sahne-Soße zu Filets	mit Vinaigrette zu Koteletts und Keule
Endivie (Frisé, Eskariol)	mit kräftiger Kräutervinaigrette	mit Kräuter-Joghurt-Soße zu allen Braten	wie grüner Salat
Radicchio		gemischt mit Eisbergsalat zu Filets	mit Vinaigrette zu Koteletts und Rücken
Chicorée	mit Vinaigrette zu Fischfilets	zu Filet, Schnitzel, gefülltem Rollbraten	
Romanasalat	mit kräftiger Kräutersoße	zu Koteletts und Lendenbraten	wie Radicchio
Spinat (als Salat)	zu pochierten Edelfischen und Scampi	zu gegrillten Teilen aller Art	
Chinakohl	mit Ananaswürfeln und Orangenstücken zu kräftigen Fischsorten	mit Äpfeln und Bananen zu Hackbraten	mit Trauben in Joghurtdressing zu Lammrücken
Weißkohl/Rotkohl (als Salat)		zu Haxen, Krustenbraten, Rippchen	
Tomaten	nur zu Grillfisch	gemischt mit Gurken und Paprika zu Grillfleisch	zu allen deftigen Hammelgerichten
Gurken	zu gebratenen, deftigen Fischen		wie Tomaten, gemischt in kräftiger Käsesoße
Bleichsellerie	zu Krustentieren und Edelfischen	zu Filets und Schnitzel	im gemischten Salat zu Braten
Knollensellerie		gekocht in Vinaigrette zu allen Braten	
grüne Bohnen (gekocht)		zu Krusten- oder Schinkenbraten	zu allen Lamm- und Hammelgerichten
Radieschen/Rettich		zu deftigen Braten, Haxen und Frikadellen	zu Rollbraten
Möhren (Karotten)			gemischt mit Blumenkohl zur Keule
Blumenkohl		gekocht zu Haxen	
Kartoffeln (gekocht)	zu panierten Bratfischen	zu Kasseler, Haxen und Rippchen	zu allen gegrillten Fleischteilen
Paprika	gehäutet, in Vinaigrette zu Bratfisch		zu allen Gerichten der Mittelmeerküche

RIND	KALB	GEFLÜGEL	WILD	EIERSPEISEN
zu Tafelspitz und anderem Kochfleisch	mit jeder Soße zu allen Gerichten	zu gebratenen und gegrillten Hähnchen	nur zu Ragouts	zu allen Eiergerichten
zu Filets, Rumpsteak, Roastbeef	zu Filet, Schnitzeln und Steaks	zu zartem Wildgeflügel	zu allen Filets und Braten	zu pochierten Eiern und Kräuteromeletts
wie Eichblattsalat	wie Eichblattsalat	wie Eichblattsalat und zu Brustfilets aller Art	wie Eichblattsalat	wie grüner Salat und Eichblattsalat
wie grüner Salat	zu gerollter Kalbsbrust	zu kräftig gewürzten, gebratenen Teilen	Endivie zu Ragouts, Frisé wie Eichblattsalat	wie grüner Salat
mit Vinaigrette zu kurzgebratenem Fleisch	gemischt mit Chicorée zu Schnitzeln, Steaks und Braten	mit Eichblattsalat zu Tauben, Fasanen, Rebhühnern, Brustfilets	gemischt mit Eichblatt- und anderen Feinsalaten zu Filet	
mit Sahnesoße zu Filetbraten	wie Radicchio	mit Saurer-Sahne-Kräuter-soße zu hellen Teilen	wie Endivie und Frisé	mit kräftiger Kräutersoße zu allen Gerichten
wie Eichblattsalat	zu Steaks und Schnitzeln	mit Kräutervinaigrette wie Eichblattsalat	wie Eichblattsalat	wie Chicorée
zu Schmorbraten	zu Kalbsbraten, Haxen und Steaks	zu Grillgeflügel aller Art	zu Ragouts	wie Chicorée
mit Grapefruitstücken zu Schmorbraten und gekochtem Fleisch	mit Kräuter-Joghurt-Soße zu Rollbraten	mit leichter Kräuter-vinaigrette zu allem gebratenen Geflügel	mit Ananas zu allen Braten	zu pochierten Eiern in Kräutersoße
zu Gulasch, Ragout, und Schmorbraten		zu gebratener Ente	zu Hasenpfeffer und kräftigen Ragouts	
gemischt mit Gurken zu Gulasch	gemischt mit Gurken zu Haxen	mit Vinaigrette zu Putenkeule und -brust		zu Spiegeleiern
	wie Tomaten	wie Tomaten		
	mit kräftiger Vinaigrette zu allen Gerichten	im gemischten Salat zu allen Geflügelarten	im gemischten Salat zu Kurzgebratenem	
	gekocht wie Bleichsellerie, roh zu Steaks und Schnitzeln	roh und gekocht zu Gänse-braten und gebratener Ente	roh wie Waldorfsalat zu allen Braten	
zu Sauerbraten	zu Kalbsbrust		zu Wildschweinkeule und -rücken	
in gemischtem Salat zu Braten aller Art		nur zu Grillhähnchen		Radieschen zu Omeletts
als Rohkost zu Schmorbraten	mit Äpfeln gemischt zu Haxe und Brust			
	wie Knollensellerie	roh und gekocht zu Grillhähnchen	gekocht zu Ragouts	
		zu allen gegrillten und kalten Geflügelteilen		zu Rührei, Spiegelei und hartgekochten Eiern
gehäutet zu Schmorbraten		wie Kartoffeln		

REZEPTVERZEICHNIS

CIP-Kurztitelaufnahme der Deutschen Bibliothek

Müller, Veronika:
Salate: d. köstl.-knackige Schlemmervergnügen /
Veronika Müller. – Niedernhausen/T.: Falken-Verlag, 1984.
ISBN 3 8068 4165 9

ISBN 3 8068 4165 9

Fotos: TLC-Foto-Studios GmbH, Bocholt
Zeichnungen: Birgit Mronzek, München
Grafische Gestaltung: U+V Müller, Werbegrafik – Werbetext, Zell a. H.

Satz: TypoBach, Wiesbaden
Druck: Appl, Wemding

817 2635 4453 6271